読んではいけない

日本経済への不都合な遺言

はじめに

「まだまだ日本には触れられていない暗部がある。生きているうちに書き残しておかなければならない」

生前、森永卓郎さんはよくそう話していた。24年11月に『週刊ポスト』誌上で連載「読んではいけない」がスタートした際には、政治、経済から国際情勢、メディア論まで「もうすぐ死ぬ私には、恐いものがない。誰も言ってこなかったタブーを詳《つまび》らかにすることこそ、私の使命である」と覚悟を見せていた。

「これから連載で私が明かしていくのは、知らなければ良かったと思う真実ばかり。何も考えず、心穏やかに過ごしたい人は、読んではいけない」

その言葉通り、自民党政権と財務省の禁断の関係から官僚組織の巨大利権の裏側、テレビ出演を通じて知った「金融村」のコメンテーター籠絡《ろうらく》、そして自身の考える日本経済復活の劇薬まで、数々の問題を忖度《そんたく》なく喝破《かっぱ》していった。

その一方で、人生を豊かに生きるための知恵もふんだんに示してくれた。がん闘病を経て辿り着いたお金と健康についての考えは、「金銭的な豊かさにとらわれない生活」を求めた森永さんの哲学が詰まっていた。

そして、読書を大切にする人でもあった。「国に騙され、愚民にならないためには良質な書籍に触れることが一番だ」と言う森永さんは、週刊ポストで20年以上にわたり書評委員を務め、数々の名著を紹介した。

そのほか、ウェブメディア「マネーポスト」での提言も含め、森永さんは自身の言葉を一冊の書籍にするべく奮闘していたが、その最中に亡くなった。ここに記すのは、森永さんが命がけで綴った最後のメッセージである。

目次

第三章　真実を見抜く目を養う名著25選

本書は週刊ポストの連載「読んではいけない」に加え、同誌に寄せた森永卓郎さんの手記、書評などを元に構成しています。本文中の時制は掲載当時のものです。

装幀　前橋隆道

第一章

誰も言わない「不都合な真実」

1

石破茂政権で「令和恐慌」が起きる

「日本を守る。成長を力に」——そんなスローガンを掲げて衆院選（24年10月）に挑んだ自民党の石破茂総理大臣だが、結果は65議席減の大敗。森永さんは弱体化した石破政権を陰で操る増税カルト・財務省の存在を見破る。

24年10月の衆院選で自民党が大惨敗した。自公の過半数割れを受けて、石破茂首相は国民民主党との「部分連合」で当面の政局を乗り切るつもりだが、党内で「石破降ろし」が実現しなかったことに、私は深い憂慮を抱いている。

石破政権の続行で日本経済は、「令和恐慌」まっしぐらになるからだ。

振り返れば、同年9月の自民党総裁選の結果を最も喜んだのは財務省だ。総裁選候補者9人のうち8人を増税ありきの「ザイム真理教」に洗脳した財務省にとって、唯一の懸念は洗脳に失敗した高市早苗氏だった。彼女が当選したら財務省はパニックに陥っていたはずだ。

それに対して石破氏は安全保障や地域活性化には詳しいものの、経済に関しては完全なシロウト。財務省の〝進講〟を受けてすっかりザイム真理教に洗脳され、総裁候補者のなかで最も増税寛容派に傾いていた。消費税増税を否定しなかった候補者は石破氏だけである。

「日本の財政は極めて深刻ゆえ政策を推進するためには消費税増税は避けられない」――そう信じ込んでいるのだ。財務省は石破総理の誕生で「消費税15%」への道筋がついたと歓喜しているだろう。

小数与党となった石破政権

経済音痴

米国が利下げに踏み切ったように、世界のマクロ経済政策は金融緩和・財政緩和に大転換した。そのなかで日本だけが逆噴射の政策に邁進《まいしん》している。

植田和男総裁が率いる日銀は、さらなる金融引き締めのスタンスを変えていない。石破政権はここに増税による財政引き締めを並行させるつもりだ。日本経済がデフレの入り口に立つなか、金融と財政の引き締めをしたら恐慌に向かうのは確実である。

石破氏の経済音痴ぶりはすでに発揮されている。能登半島の豪雨被害対策への補正予算の編成について、「補正予算だと時間がかかるから予備費で対応する」と否定したのだ。

しかし実際は真逆で、予備費だと予算執行に手間と時間がかかり、補正予算なら国会での審議さえ通ればすぐに組める。一度補正を組んで予算枠を確保すれば後は迅速な災害対応が可能になるのに、それすら分かっていない。

部分連合を組む国民民主党の玉木雄一郎代表が石破政権の引き締め政策を転換できるとは思わない。何しろ彼は元大蔵官僚だ。党としては「消費税5％」を掲げるが、財務省がそれを飲まないことは誰よりも分かっているだろう。所得税優遇に関する「年収103万円の壁」を緩和するための控除額引き上げを飲ませるのが精一杯で、今後財務省の反撃を受けて減税規模は大幅圧縮になるはずだ。

有能な経済ブレーンを抱えていない石破政権は、ザイム真理教というカルトのもとで、令和恐慌へとひた走ろうとしている。

国民民主党は「103万円の壁」より消費税5％を掲げよ

少数与党に転落した石破政権。当初、〝部分連立〟を組むとみられた野党・国民民主党は所得控除に関する「年収の壁」を引き上げるべく自民党と交渉していたが、ここでも財務省の影が見え隠れしているのだった。

先の衆院選で自民党が大敗し、結果的に野党である立憲民主党と国民民主党の議席増に繋がった。ただし、立憲民主の比例得票数はさほど増えていない。減税策を打ち出さなかったからだ。

目下注目されているのは、国民民主党の掲げる所得控除に関する「１０３万円の壁」の引き上げ案だろう。過半数割れした石破茂政権は国民民主党と政策ごとの部分連合を組むほかないため、この案は飲むことになるはずだ。

だが本来、国民民主党が持ち出す交渉カードは別にあった。選挙時に掲げていたもうひとつの公約、「デフレが続く限り消費税を5％に下げる」の政策である。国民の受ける恩恵はこちらのほうが明らかに大きい。

なぜこの政策を前面に出せなかったのか。それは、玉木雄一郎代表が元大蔵官僚だからだろう。消費税の減税は財務省が絶対に飲まないことが分かっている。ゆえに「１０３万円の壁」の引き上げという取りやすい案に傾いたのだと私は見ている。

無論、この「１０３万円の壁」を巡っても、財務省の反対は苛烈である。１７８万円への引き上げは多くのサラリーマンに恩恵があり、比較的所得の高くない人でも年間10万円ほどの減税になる。しかし、この引き上げが実現すると、結果的に地方税を含めて年間7兆円以上税収が減る。財務省は大手メディアを通じて、「国民民主党の政策で恒久的に税収減となり、日本の財政を逼迫《ひっぱく》させる」と活発に〝布教活動〟を行なっている。

情けない他の野党

世界で最も健全と言われる日本の財政下で、7兆円程度の税収減などまったく問題にならない。財務省のプロパガンダに耳を傾けてはいけないのだが、ザイム真理教の洗脳は国会に広く及ぶ。

さっそく財務省は減税対象者をパート、アルバイトなど

国民民主党の玉木氏

非正規社員に限り、サラリーマンは蚊帳の外に置くべく水面下で奔走しているようだ。玉木氏の真価が問われる局面だが、不倫問題もあり、最終的には基礎控除の増額は大幅に削られる公算が大きいと考えている。

情けないのは、国民民主党の減税案を援護できない野党である。議席数を50も増やした立憲民主党の野田佳彦代表は、財務副大臣時代にザイム真理教に洗脳され、増税容認派に転じた。小川淳也幹事長に至っては、2050年までに消費税を25％に引き上げる必要性に言及している。

日本維新の会では政策論議そっちのけで、創設者の橋下徹氏と馬場伸幸代表の間で内ゲバが起きた。大阪の小選挙区で全勝したものの、全国では議席減となった維新は、結局ローカル政党として生きていくしかないのだ。

絶大な人気を誇る橋下氏が代表に復帰すれば一発逆転も起きようが、それがない限り尻すぼみが続き、やがては自然消滅の一途を辿る可能性が高い。

ザイム真理教と戦うことができる野党が出てこない限り、日本の未来は暗いままである。

第二次トランプ政権で第三次世界大戦へ

24年11月の米大統領選で、カマラ・ハリス氏を破って当選したドナルド・トランプ氏。その大統領選の直前、世論調査が拮抗《きっこう》するなか、森永さんはトランプ氏の当選と来る「悪夢の未来」を予言した。

間もなく投開票を迎える米大統領選（現地時間11月5日）で、民主党のカマラ・ハリス氏と共和党のドナルド・トランプ氏のどちらが勝つか。米国での世論調査結果では、ハリス氏がわずかにリードしている。詳しくは

24年の大統領選で再選を果たしたトランプ氏

後述するが、日本経済および世界経済にとってトランプ氏の勝利は悪夢の始まりとなるので、個人的にはハリス氏の勝利を望んでいる。

しかし、私はある不吉なジンクスにずっとつきまとわれている。重要な選挙が接戦となっている場合、勝って欲しくない、嫌いなほうの候補がたいてい勝ってしまうのだ。

先月の自民党総裁選でも、私は日本経済にとっては積極財政派の高市早苗氏が望ましいと考え、勝利を願っていた。だが、決選投票で石破茂氏に逆転されてしまい、私の個人的ジンクス通りの結果となってしまった。

そのため、来る米大統領選でも、数十年にわたる私のジンクスから言うと、トランプ氏の勝利という結果になる。もちろん、それが現実になって欲しくないのだが。

ハリス氏が勝利して大統領となった場合、基本的にはバイデン政権の継承となるので日本経済への影響はニュートラルだろう。為替についてバイデン政権は円安ドル高を放置したので、ハリス大統領が誕生しても円安基調は続くと思

トランプ氏に敗れた民主党のハリス氏

われる。株はじわじわ値を下げると予想するが、日本経済に大きな変化はもたらさないだろう。

ひとつ懸念されるのは、米国がウクライナ支援のために拠出した６１０億ドル（約９兆円）の融資だ。一部報道によると、バイデン大統領と岸田文雄・前首相の間で、この融資を最終的に日本が肩代わりする約束を交わした可能性があるという。

後日、小林麻紀・外務報道官は肩代わり論を否定したが、日米外交は水面下でどんな密約があるか分からない。仮にこれが事実なら、ハリス政権のもと、この約束を盾に日本政府は最悪９兆円を肩代わりさせられることになる。そうなれば大増税が国民を襲うことになりかねない。

一方、トランプ氏が再選された場合は、トランプ氏がロシアとウクライナの戦争は「直ちに終結させる」と言っているので、彼の言葉通りになる公算は高い。だが、トランプ再選でプラスの側面はそれぐらいで、あとは悪いことずくめだ。

中国いじめ

トランプ氏は徹底的な米国ファースト路線で、自国だけが栄えればいいという思想である。近隣窮乏化政策を行なうことは容易に想像がつく。貿易相手国に負担を押し付け、その犠牲のうえに自国の経済回復を図ろうとする米国ファーストの政策に邁進するだろう。

まず為替について、トランプ氏は製造業復活のためのドル安志向を標榜しており、これから大幅なドル安誘導政策を行なうはずだ。

当然、その一方で円高が劇的に進む。ＩＭＦの世界経済見通しによると、現在の米ドル・円の購買力平価は1ドル＝91円なので、短期的にはそれを超えて70円台まで円高が進む可能性がある。

結果、日本の輸出製造業が大幅な業績不振に陥り、日本経済は円高不況に襲われて大幅なマイナス成長となるだろう。株価も暴落し、日経平均は1万円を割り、最終的に3000円台まで下がる可能性もある。歴史を見ると、バブル崩壊時に株価は8割以上値下がりするからだ。

トランプ氏の再選で窮地に陥るのは日本経済だけではない。彼は中国からの輸入品の関税を現在の10％程度から60％に一気に引き上げると公言している。それが現実になれば、すでに景気悪化にあえぐ中国経済はさらに痛手を負うことになる。

中国以外のすべての国からの輸入品に対しても、10％の関税をかけると言っているので、世界経済は混乱を極めるだろう。

高関税で国内産業を保護するトランプ氏の政策で、確かに米国の製造業は復調し、短期的に米国経済は繁栄することになるはずだ。ただし、好景気が続くのはせいぜい2〜3年に限られる。その後に待つのは地獄である。

米国ファーストの近隣窮乏化政策によって〝いじめられ続ける〟中国をはじめ、多くの国々の不満が鬱積し、暴発する恐れがあるのだ。

それで何が起こるか。振り返れば、自国の繁栄だけを目指してわがまま放題をやる大国が現われた時、最終的に世界戦争に結び付くというのが歴史の教訓である。

米中関係がこれほど緊迫するなか、トランプ氏が自国優先主義に舵を切れば、それは「第三次世界大戦」という地獄の底に向かって思い切りアクセルを踏むことに他ならない。

国家公務員も使っていない「マイナ保険証」の愚策

政府の肝いりで始まったマイナ保険証だが、一向に普及が進まない。現行の保険証で不自由がないのに、なぜ国はマイナ保険証にこだわるのか。そこには国民の血税を吸い尽くす一大利権が隠れていた。

自民党は現行の紙（カード）の健康保険証を24年12月に廃止し、マイナンバーカードに一本化する方針を頑《かたく》なに変えようとしない。現行の保険証も使用できる1年間の猶予期間が設けられているが、問題だらけの法案に不安が募る。

私は目下、がん闘病中でいくつもの病院に通い続ける身だが、いまも紙の保険証を使っている。それで不便を感じたことはなく、マイナンバーカードの提示を求められたこともない。現行のままで何一つ問題ないし、誰に聞いても現行の保険証で困っているという声は聞いたことがない。マイナ保険証への全面切り替えは非現実的な政策にしか見えない。

次のような皮肉なデータもある。厚生労働省が公表した国家公務員が加入する国家公務員共済組合の24年9月時点のマイナ保険証利用率は13・58％で、国民全体の利用率（13・87％）を下回る低水準だった。役人のほうが国民全体よりもマイナ保険証を利用していなかったのだ。

にもかかわらず、政府がマイナ保険証を強制するのはなぜか。ひとつは国民からの税金収奪の効率化だろう。金融機関の預貯金口座に紐づけされたマイナンバーカードに健康保険証を一体化させることで、税務調査に活用して増税に繋げる思惑が透けて見える。

関連事業費は3兆円

官僚の天下り先を増やす目論見《もくろみ》もあるはずだ。すでにデジタル関連業界は第2のゼネコンと化し、財務省、厚労省、経産省、総務省などの天下り先となって退職した官僚が次々と押し込まれている。マイナンバーカード関連の総事業費は3兆円超とも報じられており、官僚を肥え太らせる一大利権と化している。

さらに言えば、私は一連のマイナ保険証問題で政府の「地方無視」に失望している。マイナ保険証のICチップの読み込み機械を導入することも含めて、デジタル化にアジャストできるのは大都市の施設だけである。地方の小さなクリニックに、どうやって専門機器やシステムを導入しろというのか。埼玉のトカイナカに住む私は、地元のクリニックがマイナ保険証導入について行けず廃業してしまうのではないかと心配でならない。

石破茂首相は総裁選時に「紙の保険証との併用も選択肢として当然」と言っ

ておきながら、先の衆院本会議の代表質問（10月7日）では「現行の健康保険証の新規発行終了については法に定められたスケジュールにより進めていく」と明言した。デジタル化に対応できない地方のクリニックへの死刑宣告に等しい言葉である。

本来、マイナ保険証など「持ちたい人は持てばいい」という類の話で、強制するものではないはずだ。政府の愚策で病院難民になる患者が出ないことを祈るばかりである。

年金制度を崩壊させる「厚労省御用学者」の罪深さ

超高齢社会を迎えた日本では、年金制度の抜本的な見直しが急務だと長年叫ばれてきた。しかし、厚労省は解決策を示すこともなく、制度の穴を埋めようとしない。国民を欺《あざむ》き年金を食いつぶす真の戦犯は、「学者」だった。

振り返れば、22歳で日本専売公社（現ＪＴ）に入社して以来、関連組織への出向や教授としての大学赴任なども併せ、45年間にわたり厚生年金保険料を払い続けてきた。だが、年金の恩恵には一切あずかれずにいる。65歳になったタイミングで年金受給の申請をしたが、1円たりとも貰えていないのだ。

すべては「在職老齢年金制度」のせいである。厚生年金の受給者が65歳以降も働き続けた場合、年金月額と月給の合計が50万円を超えると、超過額の半分が年金から減額される。年金だけでは生活が苦しく、老体に鞭打って働くと肝心の年金がズルズル減っていく酷な制度で、65歳以上の就労を抑制する要因になっていると言われる。

目下、厚生労働省は在職老齢年金制度を見直し、減額となる基準額を60万〜70万円台に引き上げる検討に入ったが、それで65歳以上の就労抑制が止まるかは甚だ疑問だ。

確かに、「稼ぎの多い金持ちは少し我慢しろ」との主張には、ある程度の正義がある。日本の年金制度は現役世代がリタイア世代を支える賦課方式を基本としており、経済的余裕のある者の負担が増えるのもやむを得まい。だが、払うだけ払って1円も貰えないのは納得しかねる。

収入が多くなるほど税率が高くなる累進課税の所得税でさえ、税率は最大45

%だ。私にとって日本の年金制度は、「税率１００%」のやらずぼったくりに近い。

財源はある

おかしな点はそれだけではない。通常、年金受給を繰り下げて70歳からの受給を選ぶと、給付は月額で42%増える。ところが、在職老齢年金制度で減額になった部分は考慮されず、70歳から受給しても増額されない。

厚労省は24年11月25日の社会保障審議会年金部会で、将来的に低年金に陥る人を減らすため、基礎年金（国民年金）を3割程度底上げする案を示した。自営業者らが入る国民年金は財政難にあるが、一方で女性や高齢者の労働人口の増加に伴い、厚生年金財政は潤った。この金で国民年金財政を支える目論見だが、厚労省は長年、「国民年金と厚生年金は財政を分ける」と言ってきたはずだ。取りやすいところから取るその場しのぎの政策だと言わざるを得ない。

それに、厚生年金財政を使わなくても財源はある。累積の収益額が160兆円の黒字で、運用資産の総額が250兆円に達するGPIF（年金積立金管理運用独立行政法人）の年金積立金を取り崩せばいいのだ。GPIFの積立金を5年ほどかけて取り崩していけば、負担を伴わず年金を拡充できる。

こうした議論が起きない原因は、年金改革の議論の場となる社会保障審議会年金部会に参加する学者たちにある。厚労省の〝御用学者〟ばかりで、お上にしっぽを振って国の方針にお墨付きを与える罪深き者たちだ。

モノ言わぬ学者たちのせいで、我々の年金が食いつぶされていくのである。

官僚の財政均衡主義が高齢患者を殺す

23年11月、ステージⅣのすい臓がんと診断（その後、原発不明がんと診断）された森永さん。闘病には莫大なお金がかかるが、官僚の仕掛ける制度改悪によって、その負担は増すばかりとなっていた。

現在がん闘病中の私は、免疫チェックポイント阻害薬「オプジーボ」を使った保険診療に加えて、1回の治療費が50万円かかる血液免疫療法という自由診療を併用している。そのほか検査を含めると毎月預貯金が100万円以上減っているのが現状だ。そんなことで、私は3枚のクレジットカードを使い分けているが、うち2枚は毎月の医療費で限度額パンパンになってしまっている。

保険適用下の標準治療でがんと闘うのであれば、「自己負担3割」に加え、所得に応じて一定額以上の治療費が払い戻される「高額療養費制度」というセーフティーネット策がある。

日本が医療に手厚い国であることは間違いないのだが、私のように自由診療に手を出すとそうはいかず、毎月100万円以上の医療費が全額自己負担である。唯一の救いは確定申告の際の医療費控除だが、その上限は年間200万円と決められている。私の場合、たった1~2か月で控除枠を使い果たし、あとは純粋な出費となるのだ。

莫大な医療費がまるまる自己負担となる自由診療と、毎月一定額に収まる保険診療の差はとてつもなく大きい。その事実を身をもって知るからこそ、周囲には保険適用の範囲内での治療を勧めてきた。実際に標準治療だけでがんに打ち勝った人はたくさんいるのだから。

ところが、いま多くの患者にとって頼みの綱である医療費の仕組みが国に狙い撃ちされている。

厚労省は24年11月21日の社会保障審議会医療保険部会で、高額療養費制度の上限額の引き上げ案を提示。その後の部会で引き上げ幅5〜15％を軸として調整に入ったというのだ。

現役世代のガス抜き

政府が邁進する医療費負担増の企みはこれだけではない。ターゲットとなっているのが、75歳以上の後期高齢者の医療費負担だ。当初は無償だった後期高齢者の窓口負担は２００１年に１割負担となり、２００６年から現役並み所得者は３割負担となった。２０２２年からは住民税課税所得が年間28万円以上など、一定以上の所得のある人は窓口負担が１割から２割に引き上げられている。

さらに、である。政府は９月13日に閣議決定した高齢社会対策大綱の中に、後期高齢者について医療費の窓口負担の拡大に向けた検討を行なう方針を盛り込むとともに、3割自己負担となる人の対象範囲拡大に向けて「検討を進める」と明記したのだ。

高齢者いじめともいえる制度改悪の原因は、行政を司る官僚たちの「財政均衡主義」にほかならない。経済学的に何の問題もない財政赤字をことさら問題視し、「国の財源を逼迫させている一因は高齢者の医療費である」として、高齢患者から命の金を吸い上げている。

高齢者に負担増を集中させることで、現役世代のガス抜きをする意図も透けて見える。国民の命よりも数字を守ることを優先する官僚によって、高齢患者が殺されていくのである。

現実を見ない「エセ経済学者」に物申す

誰にも忖度しない森永さんは、地上波でもタブーを恐れず発言し、いつしか〝干される〟形でレギュラー番組を降板した。24年12月には動画配信サイトでの発言が物議を醸《かも》したが、真実を発信しない同業者とは戦う覚悟があるという。

過日、経済系のユーチューブチャンネルにゲスト出演した際、日経平均株価について「来年中に3０００円になる。本音を言うと2０００円くらい」と発言した。これに対して、堀江貴文氏が私の発言を否定し、「自分が死ぬからって何でも言っていいわけじゃない」とかみついてきた。このほか、複数の経済学者が「ありえない」と異議を唱え、炎上状態となった。

しかし、彼らは現実が見えていない。いま世界で何が起こっているか。ドイツでは連立政権が崩壊し、フランスでは内閣が総辞職。シリアでは50年以上続いてきたアサド政権が崩壊し、韓国では戒厳令を出した尹錫悦《ユンソンニョル》大統領の弾劾訴追が可決した。世界が激動の最中にあるのだ。これだけ国際リスクがあるなかで、いまの株高が続くと思うほうがどうかしている。

1929年の世界恐慌の直前は家電産業や自動車産業の株価が高騰した。あまりにも行きすぎた価格上昇が続けば、必ず大きな反動がくるというのが過去の教訓だ。

現在に目を向けると、10年ほど前からGAFAをはじめとするビッグ・テックの躍進に続き、自動運転車やAIブームによる半導体バブルが株価高騰を支えている。

だが半導体は少しでも需給が緩むと価格が大暴落する特性を持つ。技術の追い上げで供給が増えれば、価格も簡単に下がる。半導体関連の株価は近い未来ドカンと下落するだろう。

世界恐慌の際はNYダウ平均が90％近く暴落。１９８９年末に始まった日本のバブル崩壊でも日経平均株価は80％強暴落した。令和バブルが崩壊すれば日経平均は３０００円になっても、なんら不思議ではないのだ。

出演依頼がなくなった

問題は経済に精通しているわけでもない〝エセ経済学者〟たちが「株価の暴落はありえない」と口を揃えることだ。今回の私の炎上騒動は主にＳＮＳ上が舞台だったが、闇が深いのはテレビである。

証券会社など番組スポンサーとなっている金融村の意に沿って、「株価はまだ上がる」と言い続ける人物ばかりを重用している。まっとうな経済学者でさえ、スポンサーを逆なでする発言をすれば干されるため、「株価安定コメント」に終始しているのが現実だ。

私の場合、23年5月に財務省をはじめとする日本経済の暗部を書いた『ザイム真理教』（三五館シンシャ）を発売して以降、情報報道番組から出演依頼がなくなった。

あるプロデューサーからは、「番組全体をリニューアルすることになったので」と降板を言い渡されたが、翌月にその番組を見たら、リニューアルされたのは私だけだった。唯一レギュラー出演が続いているのは、金融村がスポンサーについていないラジオ番組だけだ。これが日本のメディアの姿なのである。

リスクを正しく伝えず、夢だけを見せ続けるエセ経済学者たちの罪はあまりに重い。

巧妙な「少子化対策」で潤う霞が関の住人

日本経済の大きな不安要素とされる「少子高齢化」。政府も様々な政策を打ち出して少子化脱却を目指すが、本質からズレていると森永さんは指摘する。国民にとって本当に必要な少子化対策は、なぜ実現しないのか。

石破茂首相は少子化対策として、新たに「少母化」なる言葉を作り出し、「少子化の本質は母が少ない『少母化』だ」と力説し始めた。婚姻率が下がり、母が減れば子も少なくなる。いかに結婚を増やしていくかが問われている、と。

この石破首相の主張は、経済学の観点から見ると意外にも本質を突いている。今から150年前、カール・マルクスは「資本論」のなかでこう断じた。資本主義は利益の最大化を目指すのだから、労働者には生きていくためのギリギリの賃金しか支払わない。結婚して、子供を産み育てる分までの賃金は支払うはずがないと。少子化は資本主義の必然だという事実を見抜いていたのだ。

マルクスの論を前提に考えると、なぜ少子化が進むのかが分かる。すなわち結婚適齢期の人々の「貧困」である。

内閣府の「結婚・家族形成に関する調査報告書」によると、20～30代男性の場合、年収800万～1000万円の既婚率は44・0％だが、年収の下落とともに既婚率は低下し、年収100万円台は5・8％、100万円未満は1・3％。既婚率の低下を招いたのは、平均年収が170万円とされる非正規社員が激増した結果だと言える。

女性が求める年収条件を満たす男性が減れば、未婚女性が増えるのは当たり前だ。女性の生涯未婚率は1985年の4・3％から、2020年には16・4

%へと増加した。この点を鑑みると、真の少子化対策は簡単に導き出せる。格差を縮小することだ。

最低賃金の大幅引き上げ、同一労働同一賃金の厳格化、あるいはベーシックインカム導入の議論があってもいい。

新たな天下り先

しかし、実際に官僚たちが作った異次元の少子化対策は、格差縮小の施策ではなく「子育て支援」に終始している。すでに生まれた子供、あるいはこれから生まれる子供に対するケアなのだ。これでは少子化の根本要因となる「未婚」の問題が解決するわけがない。

なぜ官僚はあくまで子育て支援にこだわるのか。自分たちが美味しいからである。

所得制限の撤廃をはじめとする児童手当の拡充は、高所得者ほど恩恵が大きい。23年4月から出産一時金の給付額が42万円から50万円に引き上げられ、今後は出産費用への保険適用も検討されている。最も出産費用の高い東京（平均62万円）で産むと、50万円の一時金でも足りない現実があり、保険適用は大都市の出産を支援する意味を持つ。

どれもみな都心の高所得者が得をする政策である。さらに子育て関連サービスの拡充や育休関連給付の創設により、新たな天下り先や運営予算が発生する。異次元の少子化対策は貧困層ではなく官僚に恩恵があるものばかりなのだ。

石破政権はここにメスを入れ、本当の意味での少子化対策が実現できるか。その手腕が問われている。

GDP「日本だけマイナス成長」を招いた日銀の失策

日本の名目国内総生産（GDP）が先進各国に大きく後れをとっている。なぜ日本の経済成長は失速したのか。エコノミストたちは様々な要因を挙げるが、森永さんは「責任は日銀にある」と喝破する。

惨憺《さんたん》たる数字だと言わざるを得ない。内閣府が24年12月23日に発表した国民経済計算の年次推計（23年）によると、日本の1人あたりGDPは3万3849ドルだった。

韓国に抜かれ、経済協力開発機構（OECD）加盟国中22位に後退した。韓国と日本の1人あたり名目GDPが逆転するのは、比較可能な1980年以降で初めてのことだ。

主要7カ国（G7）ではイタリアの3万9003ドルを下回り最下位となった。22年の3万4112ドルから2500ドル以上減少し、G7のなかでマイナス成長となったのは日本だけである。

日本経済がマイナス成長と

日銀の植田総裁

なった理由について、エコノミストなど専門家と称する人たちのほとんどは、少子高齢化による人口減、円安、労働生産性の低さを挙げている。だが、その分析は本質を突いていない。

人口減や円安がまったく影響を与えていないとは言わないが、1人あたりGDP後退の大きな理由はズバリ、政府と日銀の財政・金融政策の失敗にある。増税ありきの緊縮財政に邁進する財務省の愚行はいわずもがな、日銀がミスジャッジを重ねており、これが日本経済を衰退させている。

いまの世界経済は金融緩和が求められているのが実情だ。実際、欧米などの主要国は軒並み利下げをしている。ところが、日銀だけは24年に2回の利上げを断行。植田和男・日銀総裁は25年も利上げをする意向を示し、金融引き締めの継続を隠さない。

財政と金融の同時引き締めなどという暴挙に出れば、GDPがマイナス成長となるのは火を見るより明らかだった。

問題は政府と日銀が過去の教訓から何も学ぼうとしないことだ。実は約10

0年前に濱口雄幸政権が同じ失敗を犯していた。財政と金融の同時引き締めを行なった結果、1930年から昭和恐慌に突入。巷には大量の失業者があふれ、農村では娘や妻が身売りを余儀なくされるなど、国民生活は悲惨を極めたのだった。

当時と同じことを行なえば日本経済は墜落するに決まっている。このままでは昭和恐慌さながらの「令和恐慌」まっしぐらだろう。

こうした馬鹿げた政策について、新聞・テレビをはじめとする主要メディアは批判の声を上げない。それどころか、多くのエセ経済学者たちは、「25年の日本経済は好調に推移する」などと、能天気な展望を垂れ流している。

日本経済を立て直すには、財政と金融の同時緩和政策に抜本転換する必要がある。そして、それを実現させるための最大のチャンスが来る。25年夏の参議院選挙だ。日銀と財務省の愚策にお墨付きを与える自民党、公明党、立憲民主党を大敗に追い込むことだ。それなくして日本経済の衰退を止めるのは不可能である。

テスラもBYDも「ポンコツEV」に未来はない

24年12月、自動車大手メーカーのホンダと日産が経営統合を視野に協議を進めることが発表された（のちに協議は破談）。統合協議の裏にあった「EVの失敗」について、車好きの森永さんが指摘する。

ホンダと日産が経営統合に向けた協議に入った。背景には日産の業績低迷があり、図式としてはホンダによる日産救済のための経営統合と言っていいだろう。

日産凋落《ちょうらく》の原因がＥＶ（電気自動車）への集中投資にあることは自明だ。これからはＥＶの時代だという認識は日産だけではなく、欧米の自動車メーカーも同様だった。トヨタのＨＶ（ハイブリッド車）に関する精緻な技術に、他国メーカーはとても追随できないという事情もあった。

ところが、である。ＥＶが普及し始めると、化けの皮が剝がれた。意外にもポンコツだったのだ。そもそも補助金なしでは買えないほど価格が高い。長距離走行に難がある。環境に優しいと謳っていたが、廃棄処理を含めると環境対策にならない。電気を石油で作ると、そこから二酸化炭素が出る。そのほか冬場に充電しにくい、充電スポットが少ないなど、数多の問題が噴出し、需要の鈍化が顕著になった。

ＥＶシフトを進めてきた海外メーカーも戦略の見直しを余儀なくされ、例えばドイツのメルセデス・ベン

ツは「すべての新車を2030年までにEVにする」との方針を撤回。同様の目標を掲げたスウェーデンのボルボもこの方針を撤回した。私は遠からずEVは廃《すた》れると見ており、米国のテスラや中国のBYDにも未来はないと考えている。

日本政府はEV向け蓄電池の製造に3500億円の助成を発表するなどEVシフトを後押しするが、金の出し所を間違えているので

一度は破談になった経営統合協議

はないか。

マニアに好まれる車

一方で、個人的にはホンダと日産の経営統合には期待している。今後は両社を傘下に置く持ち株会社が発足し、ホンダと日産という会社とブランド名は今後も残る。日産でいえばGT－Rやフェアレディ Zなどカーマニアに人気の高い車種が消えるわけではない。また、日産と企業連合を組む三菱自動車もこの統合に合流すると報じられた。3社連合が実現すれば、販売台数で世界3位に浮上する。

私自身、10年ほど前からホンダのN－ONEという軽自動車に乗り続けている。ホンダ車は高速走行時に「ブイーン」という心地良いエンジン音で加速するので、運転が実に楽しい。エンジン音が静かでファミリー向けの車が多いトヨタに対して、ホンダと日産はマニアに好まれる尖った車作りが得意という共通点を持つ。経営統合について両社の社風の違いを危惧する声も多いが、社風の違いで揉めることは少ないのではないか。

持ち株会社の社名について、私はラジオ番組で両社の頭文字を取って『ホンジツ』、そこに三菱が加わったら『ホンジツ三菱』がいいと言った。ところが、共演者の共感を得られるどころか、「お前はバカか」と一笑に付されてしまった。ホンジツに代わる妙案はいまのところ浮かんでいない。

日本社会を救う「ひとり一律5万円給付策」

「令和の列島改造計画」を掲げる石破政権にとって、地方創生は一丁目一番地ともいえる最優先課題だ。しかし、石破氏の進める政策は本質的解決とは程遠い。真の地方再生に必要なのは、たったひとつの社会保障制度だった。

地方創生を肝いり政策に掲げる石破茂首相は、25年度の地方創生交付金の倍増を掲げる。しかし、もともと地方創生交付金の予算は1000億円しかないので、倍増させたとしてもたかが知れている。

石破首相は25年1月24日の施政方針演説でも地方創生を核に据えたが、本気で実現させるのであれば、最もやるべき政策がほかにある。「ベーシックインカム」の導入である。

ベーシックインカムとは年齢・性別・所得などの個人属性にかかわらず全国民に一定額を定期的に支給する社会保障制度だ。これまで完全導入した国はないが、フィンランドやインド、カナダ、オランダなどで対象者を絞った社会実験が行なわれ、米国でも11都市で実験が始まった。

ベーシックインカムを導入すると、どんなメリットが期待できるのか。まず、シンプルに地方と都市部の所得格差を是正できる。また年金制度が給付額を決定するために複雑な計算を必要とし、制度維持に莫大な行政負担が生じるのに対し、ベーシックインカムは一律給付なので行政負担がはるかに小さい。

人々の仕事と暮らしを大きく改善することにも繋がる。ベーシックインカムで最低限の生活は保障されるので、生活のために単純労働やブラック労働に従事する必要がなくなり、より働き甲斐のある仕事に従事するようになる。

いま都会に暮らす人々の地方への移住を妨げているのは、地方には働く場、仕事がないからだ。もしベーシックインカムを導入して1人あたり一律5万円を給付したとすると、4人家族であれば20万円の給付が受けられる。

生活の基盤を作ることができれば、自分が本当にやりたい仕事、楽しいと思える仕事をすることが可能となり、無理して都会に住んでいた人々の地方移住を促進することになる。結果、地方経済の活性化が期待できるのだ。

勤労意欲を阻害しない

ベーシックインカムへの反対論が多いのは事実だ。反対派の多くは、「勤労意欲が失われ、誰も働かなくなる」と主張する。しかし、その懸念は各国の実験で否定されている。ベーシックインカムは勤労意欲を阻害しなかったのだ。

福沢諭吉は『心訓七則《しんくんななそく》』のなかで「世の中で一番さびしいことは、仕事のないことである」と言った。どんな環境でも人は仕事を求めるものである。

ベーシックインカムの導入財源として、私は「通貨発行益」を活用すればよいと考えている。かつて安倍政権は特別定額給付金など57兆円のコロナ対策予算を講じた。その財源は国債で、事実上すべて日本銀行が買い取った。基礎年金、児童手当、失業保険をベーシックインカムに代替させれば、導入に必要な財源は70兆円ほど。その程度の金額であれば、財政ファイナンスを毎年やっても日本の財政はびくともしない。

真の地方創生のためには、ベーシックインカム一択だと確信している。

AIにはできない「幸せな仕事」の見つけ方

ワークライフバランスを見直す「働き方改革」が叫ばれて久しいが、多くの人が労働に希望を見出せずにいる。仕事の充足感こそが人生の喜びになる——そんな想いから、森永さんは独自の改革案を示すのだった。

近年、若い世代の話を聞いていて痛感するのが、転職動機の変化だ。かつて転職は「より多くのお金を得る」ことが主な目的だった。しかし最近は大企業を捨ててベンチャーに転職するケースにたびたび出くわす。彼らは安定した高収入を捨てる理由について、「仕事が楽しくない」と口をそろえる。

私が社会に出た40年前、多くの日本企業はボトムアップ経営だった。課長になると実務にかかわることが減り、新聞ばかり読んでいた。部長以上は重役出勤だ。だからこそ現場社員には自由があり、新たな挑戦を許す土壌があった。

勤務時間の管理も緩かった。私自身の経験は特殊だと思うが、日本専売公社や三和総合研究所に勤めていた20～30代の時、平均の月間残業時間は１５０時間を超えていた。ただ、それだけ働いていても不満はなかった。残業代がすべて支払われていたことに加え、必死に働いてスキルを学び、成長しているという充足感があったからだ。

ところが近年はトップダウンの経営が増えた。経営陣が細かい業務までマニュアル化し、社員を縛っている。社員からすればマニュアル仕事は創意工夫の余地はなく、労働の楽しみはない。仕事を通じた自己実現など夢のまた夢だ。そのうえ若年層の年収は減っているのだから目も当てられない。働き方改革で労働時間と残業代が抑えられた結果、日本の実質賃金はＧ７でぶっちぎりの最下位となった。

働き方改革関連法を受けて、多くの企業が残業規制を強化した。時間を決めて社内の照明を一斉に消した結果、単に仕事を家に持ち帰る人が増えただけだった。

仕事をアートにする

真の働き方改革とは、時間を規制するのではなく、「残業代をすべて支払う」ことに尽きる。経営陣が残業代を払いたくないと考えれば、必然的に無駄な仕事は見直され、業務に創意工夫が生まれる。サービス残業を厳格に禁止すれば、働き方改革はおのずと起きるはずだ。

今後は定型的な作業はどんどんロボットやＡＩに置き換わるだろう。数多の職業が淘汰されるなか、最後まで残る仕事とは何か。それは「アート」だ。職場で新規事業を生み出す創意工夫をはじめ、「創造力」を源にした仕事はすべてアートである。それらの仕事は必ず残り、人々に充足感を与えるはずだ。

私は常々「1億総アーティストへ」と言い続けてきた。お金のためにくだらない仕事に人生を費やす時代は間もなく終わる。一人ひとりが創造的なアーティストとして仕事に向き合えば、必ずやりがいは見つかると信じている。そして、「これだ」という仕事を見つけたら、時間など気にせずガンガン働いてほしい。私自身、30代までにがむしゃらに働いて培った知恵により、その後の40年を食いつなぐことができたという自負がある。

仕事に救われ、仕事に生かされる——そんな人生を送っている自分は実に幸せ者である。

政府の洗脳で「投資依存症」になった日本人

24年1月からスタートした新NISAで、多くの人にとって投資が身近になった。政府は国を挙げて投資を後押しするが、そこには恐ろしい罠が潜んでいると森永さんは警鐘を鳴らす。

政府が打ち出す「貯蓄から投資へ」というスローガンのもと、投資を始めた人は少なくない。だが、金融市場に参加する多くの人が「投資依存症」になっている。

しかも、〝患者数〟は確実に増えている。24年1月に始まった新ＮＩＳＡをきっかけに投資の裾野が広がったことが大きな要因だ。

ギャンブルで負けた時、取り戻すためにカネを投じ、負けを繰り返して手持ち資金が底をつく……ギャンブルで破滅する人の典型パターンだが、投資においても同様の〝症状〟がみられる。

日銀が金融引き締めの姿勢に転じたことは、理論的には中長期的な株価の下落と円高をもたらす。ところが、依存症になった人たちは変化を意に介さない。結果、そうした人たちの買いで株価はさらに上がり、為替相場も円安に向かった。

だが、順風は永遠には続かない。問題は相場が値下がりトレンドに転じた時。冷静に判断できる人は損切りして手仕舞いするが、投資依存症の人は損失を取り返そうとさらに大きな資金を注ぎ込む。資産の一部で安全に運用してきた人も、やがて全財産を投じて破滅への道を歩んでしまうことが懸念されるのだ。

私は24年7月26日までの10日間（8営業日）で日経平均が３６０８円も下落

した際、ラジオ番組などを通じて「バブル崩壊に向かう可能性が高いので、今すぐ投資から撤退するべきだ」と注意喚起した。

実際、日経平均は同年8月5日に史上最大の大暴落を記録。しかし、翌6日には一転して史上最大の値上がりとなった。

ギャンブルで損を被った時に最もやってはいけないことは、損失を取り返そうともっと大きな資金を注ぎ込んでしまうこと。ところが8月5日の大暴落で損をした多くの人が、この禁じ手をやってしまった。8月6日の史上最大の株価急回復は、図らずも投資依存症が日本中に蔓延していることを証明したのだ。

得するのは〝胴元〟だけ

乱高下相場のなかで私の「投資撤退提言」はネットを中心に激しい非難を浴びた。〈株価は中長期的に必ず上がっていくもの。森永は経済をまったく分かっていない妄想家〉というのが大方の意見だった。

たしかに長期の折れ線グラフではニューヨークダウも日経平均も上がっているように見える。それゆえ、老後資金を株式市場に投じる人が増えているわけだが、その理解が根本的に間違っている。

資本主義の宿命と言ってもよいバブルが生じるからだ。この２００年間、世界は大きなバブルを70回以上経験してきた。資本主義の歴史は、バブルの発生と崩壊の繰り返しである。そして、バブルが弾けると大衆は軒並み破産状態になり、得するのはバブルの期間に手数料をとり続けた運用会社などの〝胴元〟だけ。

投資の本質も勝つ人がいればその分、負ける人がいるゼロサムゲームで、他のギャンブルと同じ。うまくいくかは〝運次第〟なのだ。老後資金をＮＩＳＡで運用する人は、老後の生活をかけて競馬や競輪をやっているのと同じだといえる。

株式市場は鉄火場と化しているのに政府は「貯蓄から投資へ」の看板を下ろさず、投資依存症を拡散する政策を続けている。誰かが止めないと日本中に破産者が溢れてしまう。

がんの終末期を迎えた私には、予測を当てて名声を得ようといった考えは一切ない。近い将来、財産の大部分を失い、暗い老後を過ごさざるを得なくなる人を一人でも多く救うこと。それが私に残された短い人生の役割だと強く思っている。

〝金融村〟の連中は、相変わらず「一時的な急落に動揺せず長期・分散・積立投資を続ければ資産は増える」と喧伝する。しかし、結局のところ、株式投資は〝安く買って高く売れば儲かる〟という単純な話でしかない。長期積立投資は安いところでも買うけれど、高いところでも買わされる。また、分散投資をすると利回りは低下する。

現在も続く日本市場の乱高下はバブル崩壊の序章に過ぎない。暴落はこれから本格化し、日経平均株価は最終的に3000円くらいになるだろう。

歴史を振り返ると、バブルが崩壊すれば株価は8割以上、値下がりするし、バブルはいずれ必ず弾ける。

投資依存症から脱却するには、まず投資から手を引くこと。そして投資はギャンブルに他ならないと認識し、少しずつ考え方を立て直すしかないのだ。

年金の「繰り下げ受給」を拡大する政府の思惑

22年4月から年金の繰り下げ受給の上限年齢が「75歳」まで延長された。この繰り下げ受給の延長政策に疑問を呈してきたのが、森永さんだった。75歳受給が議論された19年8月の財政検証時、こんな警鐘を鳴らしていた。

今回の財政検証での将来の見通しは、6パターンに分けて行なわれた。そのうち、所得代替率50％以上が将来的に確保できたのは、「経済成長と労働参加が進むケース」の3パターンだけだった。所得代替率は、厚生年金に40年間フル加入時、現役世代の手取り収入の何％を年金でもらえるかという数字である。現在の所得代替率は61・7％だが、将来的に下がっていき、最も楽観的なパターンでも50％ギリギリとなる。現行よりも年金給付が約2割カットされるということだ。

さらに問題なのは、「労働参加が進む」というのは、高齢になっても働き続けなければならない、ということだ。前提となっている65～69歳の労働力率を見ると、男性は現状の56・1％が2040年に71・6％へ、15・1ポイント上がる想定となっている。女性は現状の35・0％から54・1％へ、19・1ポイント上がっている。つまり、男性の7割以上、女性の5割以上が70歳まで働き続けない限り、年金制度は維持できないというのである。

それだけではない。この想定では、男性の70～75歳の労働力率も49・1％まで高まると見込んでいる。つまり、男性の半数は、75歳まで働かなければならないのである。だが、現在の男性の健康寿命は72歳である。これでは、リタイア後に悠々自適の生活が送れるどころか、介護施設から働きに出ろというように等しい想定となっている。それが実現できなければ、年金制度が維持できないというのだから、ほとんど詐欺である。

悠々自適期間はわずか2年

さらに政府は、年金制度維持のために給付期間を短縮することを画策している。現在の年金受給開始年齢は原則65歳だが、受給開始を60歳から70歳の間で自由に選択できる制度となっている。まずは、それを75歳まで繰り延べて選択可能にしようとしているのだ。

一方で政府は、年金受給を繰り上げた場合の減額幅を圧縮する方針を打ち出している。現行では、年金受給を1か月早めるごとに基準額から0・5％減らされ、60歳から繰り上げ受給すると年金額は30％減となる。それを1か月の減額幅を0・4％とし、60歳から繰り上げ受給をすると24％減にとどめる改正案が、早ければ次の通常国会で決定される運びだ。

２０１９年の財政検証を見ても、今後年金支給額がズルズル減らされていくことは明らかだ。そうしたことを勘案すれば、私は年金の繰り上げ受給が有力な選択肢になると考える。もちろん、生活費を思いきり下げる家計の構造改革、リストラが必要になるが、減額された年金の範囲で楽しく暮らしていくことは十分に可能だ。大都市に住んでいたら難しいかもしれないが、例えば家計で最も大きな支出となる住居費は、そこから離れて郊外に住めば劇的に安くすることができる。

60歳からの繰り上げ受給を選択すれば年金額は少なくなるが、健康寿命の72歳まで12年間、体も動いて好きなことができる。一方、70歳までやりたくもない仕事を我慢して続けて年金をもらい始めれば、確かに年金額は42％増えるが、健康寿命からいえば悠々自適の期間はわずか2年だ。どちらを選ぶかは、個人の人生観の問題なので何ともいえないが、老後の幸せはこの選択にかかってくるのだ。

「老後資産2000万円問題」のウソ

金融庁による「95歳まで暮らすには2000万円の貯蓄が必要」という試算報告（2019年6月）が高齢者に不安を植え付けて久しい。だが、森永さんはこの報告当時、「試算は穴だらけ」と指摘した。

金融庁の報告書で算出されている数字は、端的にいえば次のようなものだ。現在、無職の夫婦2人の高齢者世帯は、収入が月21万円に対して支出が26万5000円と、毎月5万5000円の赤字となっている。この毎月の赤字を65歳から95歳まで30年間積み上げると約2000万円になる——。

この「年金だけでは2000万円足りない」という指摘が大きな論争を呼んだわけだが、報告書の本来の主旨は「だから不足分を補うために投資をしよう」ということなのだ。

内実をいえば、報告書を実質的にまとめた研究会のメンバーには金融関係者が多く、自身の利益のためにも国民に投資するよう促している、と捉えられなくもない。

ただ、金融庁が「投資をしよう」と訴えても、その一方で同じ金融庁が「投資信託を買った人の46％が損をしている」という調査結果も出している。それなのに、そもそも老後資金に不安がある人に投資をしようと促すのはナンセンスな話ではないか。

それをさておいても、この報告書の問題となった試算自体がまだ甘いと考えている。一つは、誰もが将来的に95歳で死ぬとは限らないからだ。国立社会保障・人口問題研究所の将来生命表によれば、2000年生まれの女性は100

歳まで生き残る可能性が20％あり、１０５歳まで生き残る可能性も５％弱ある。つまり、老後安心して暮らすためには30年間分ではなく、40年間分貯めないといけないということだ。

本当は5780万円の不足

もう一つは、年金給付額が今後どんどん削減されていくことだ。今の日本の年金制度は、現役世代が支払う年金保険料で高齢者の給付を支える賦課方式なので、少子高齢化のさらなる進展により現役世代が減って高齢者層が増えれば、給付額が減るのは自明といえる。

現在の原則65歳支給開始を守る限り、近い将来、公定年金の給付水準は今より4割カットになる。つまり、夫婦で月21万円の年金をもらっているモデルケースでいうと、月13万円まで減ってしまうということだ。

年金給付額が今後20年にわたって２％ずつ削減され、１０５歳まで生き残ると仮定した場合、老後資金の不足金額は私の試算では５７８０万円に達するのである。それを蓄えろといわれても、ほとんど実現不可能といわざるを得ないだろう。

格差是正の「金融課税強化」はなぜ実現しないのか

石破茂首相は就任前、金融所得課税の強化について「実行したい」と明言していたが、首相就任後は「現時点で検討せず」とトーンダウンした。これは岸田政権でもまったく同じ光景が見られた。なぜ時の内閣は金融所得課税の強化に後ろ向きになるのか。岸田政権が強化の見送りを発表した21年12月時点で、森永さんはその理由を見抜いていた。

岸田首相が掲げる「成長と分配」の重要な柱だった金融所得課税強化が、あっけなく見送られた。２０２３年度の改正以降の検討対象として位置付けられたものの、市場関係者や経済界の反発も強く、このまま立ち消えになる可能性もあるだろう。

金融所得課税とは、株式の配当金や譲渡益などの金融所得にかかる税のこと。現在、給与などに対する所得税は、収入が多いほど税負担が重くなる「累進課税」が適用され、税率は最大45％。一方で、金融所得への課税は一律15％（所得税のみ）となっており、金融所得が多い人ほど税負担が軽くなる。

本来、所得が増えれば税負担が上がって当然なのだが、金融所得に適用されている分離課税および定率課税のおかげで、金融所得が多い人はどんなに稼いでも税率が変わらない不公平がまかり通っているのだ。

そのため、給与所得が多く金融所得が少ない人は所得税の負担率が上昇し、給与所得が少なく金融所得が多い人は負担率が低下する現象が起こっており、実際、所得税の負担率は年間所得１億円前後の所得層をピークに低下する「１億円の壁」が存在している。

一般的に税金は、額に汗して稼いだ所得に対しては軽く、あぶく銭には重くというのが大原則だが、現実にはその正反対のことが行なわれているのだ。

しかも、住民税や社会保険料の負担を含めて考えると、さらに理不尽なことが起きている。住民税は、給与所得の場合、所得水準にかかわらず課税所得の10％となっている。だが、金融所得の場合は５％と、給与所得の半分しかかからない。

社会保険料についても、厚生年金と健康保険に負担上限があり、圧倒的に高額所得者に有利な制度となっている。厚生年金の場合、月給65万円までは保険料が上がるが、それを超える給与を得ても保険料は増えない。たとえ月に１億円を稼いだとしても、保険料は月給65万円の人と同じだ。

健康保険も同じで、月給１３９万円までは保険料が上がるが、それを超えても保険料は変わらない。しかもこれは、給与所得に対してのみ。金融所得にはもともと社会保険料が一切かからないことになっているのは、どうにも解せない点だ。

官僚が富裕層の利権を容認

こうした制度を踏まえて、合計所得階級別に税・社会保険料負担率がどう変化するかを推計してみたところ、その結果は驚くべきものだった。税・社会保険料負担率は、一般的な中高年サラリーマンの年収700万円台がピークの43・4％となっている。

ところが、年収100億円の人は21・2％と、その半分にも満たないのだ。一般的なサラリーマンと比べて、年収100億円の人の方が税・社会保険料負担率が半分になるというわけだから、貧富の格差は広がるばかりだろう。

こうした金融所得課税の不条理は、早急に解消されなければならない。今回、岸田首相は先送りしてしまったが、やるべきことは実は簡単だ。金融所得も他の所得と合算して、総合課税を適用すれば良いのだ。

さらに、退職金や不動産譲渡益、相続などによる収入についても特例や分離課税を廃止して、原則全ての所得を合算して課税する総合課税に一本化すれば良い。それだけで、消費税を5％に戻せるくらいの税収は簡単に得られるはずだ。

では、なぜこんなシンプルな税制改革が断行できないのか。その理由は、複雑な仕組みのもとで、日本の富裕層たちがこっそりと税負担や社会保険料負担を逃れている現実があり、その利権を手放したくないからではないだろうか。例えば退職金には、退職所得控除を適用した残りの金額のうちのさらに半分が課税対象となる優遇措置がある。

天下りを繰り返し、その度に巨額の退職金を得ている財務省をはじめとする官僚たちが、その優遇措置が無くなるのを恐れて、富裕層の利権を容認していることも大きな一因だろう。

今回、金融所得課税強化を見送ったのは、市場関係者からの反発によるところも大きいだろうが、実際にはこうした利権関係者の存在が関係しているように思えてならない。

増税カルトと化した「ザイム真理教」を解散させよ

日本経済を墜落させた戦犯は、財務省である——森永さんはそう断言する。財政均衡主義と増税至上主義に染まった財務省と、その恐るべき「メディアコントロール」の実態を明らかにする。

世界の先進国で30年間経済成長していないのは日本だけ。なぜそんな異常なことが起きたのか。

最大の原因は財務省の非科学的な「財政均衡主義」だと思っている。

財務省はこの間、「日本の財政は破綻状態だ」と宣伝し、「このまま国の借金が増えて財政赤字が拡大すれば国債が暴落、為替レートも暴落してハイパーインフレになる」と国民を脅してきた。そのうえで「そんな恐慌が起きないように増税が必要だ」と言って、まったく必要のない増税を繰り返した。これが財政均衡主義の考え方である。

その結果、80年代には3割ちょっとだった国民負担率は、

財務省の本庁舎

いまや約5割まで上がった。日本経済が成長できなくなった最大の理由は、財政均衡主義に基づいた急激な増税と社会保険料アップで国民の手取り収入が減ってしまったからだ。

使えるお金が減れば、消費が落ち込み、企業の売上げが減るという悪循環が続いて成長できなくなった。

しかし、この財政均衡主義は真っ赤な嘘だったことが、安倍政権末期に明らかになる。

政府は2020年度に新型コロナ対策で約108兆円もの国債を発行し、基礎的財政収支は約80兆円の赤字だった。1年でこれだけの大借金をしたのに、ハイパーインフレなど起きなかった。

実は、反財務省だった安倍政権はコロナ前から、大量に発行した国債を金融機関に買わせ、それをさらに日銀に買い取らせるということをやっていた。そうすれば、ある程度財政赤字を拡大させ続けても大丈夫、増税の必要はないことが実証されたわけだが、財務省はそのことをひた隠しにして大手メディアも一切報じなかった。

そしていまなお、財務省は「国の借金は赤ちゃんを含めて国民1人あたり1000万円もある」と財政均衡主義、増税必要論を唱え、国民の半数くらいはそれを信じている。

それというのも、財務省のメディアコントロールは半端ではない。新聞社の論説委員を集めて、社説の品評会をやるのだ。増税路線に賛成した論説委員クラスは政府の審議会の委員に起用して、増税に貢献すれば〝天下り先〟まで紹介してくれる。

テレビのコメンテーターを洗脳

財務官僚は政治家はもちろん、有識者と呼ばれるテレビのコメンテーターのもとにも足繁く通ってマインドコントロールしていく。そんなテレビや新聞の論調を読めば、国民が信じてしまうのは無理もない。

そんな財務省の財政均衡主義、増税論を宗教だと指摘する人もいるが、宗教は信者を幸福にしようとするもの。財務省のやっていることは、国民を幸福にするどころか「ハイパーインフレが来る」「恐慌になる」と国民を怯えさせてまったく必要のない増税で税金を払わせる。これは「あなたの家族に悪霊が憑《つ》いている。悪霊を祓《はら》うには100万円の壺を買いなさい」というカルト教団のやり方そのものではないか。

カルト教団は信者の所得を全部献金させ、土地建物を売らせ、しまいには借金させてまで献金させる。私は財務省の増税はそこまでいくと考えている。反財務省だった安倍政権が終わり、岸田政権は財務省に乗っ取られているからだ。

いや、カルトよりもっと危険だと言ってもいい。カルト教団は信者からしか金を取らないが、財務省は非信者からも金を奪っていく。特にひどいと思ったのは、財務省は「うんこ税金ドリル」という冊子を配って子供たちの洗脳にまで乗り出していることだ。

国民から増税で税金をむしり取って生活を破綻させる。それが財務省、すなわち増税カルトと化した「ザイム真理教」なのだ。そして一切の批判を許さない。

国民はこんなカルト教団に一刻も早く解散命令を出すべきである。

第二章
がんで分かった「お金と健康」の新常識

2

資産整理と住まいの見直しでお金の心配はいらない

「余命４か月」を告げられてから１年以上にわたって、執筆活動や番組出演など数多くの仕事をこなしてきた森永さん。なぜこんなことができたのか――お金と健康、そして人間関係の整理について常識に囚われない心得を明かした。

闘病は一進一退だが、その均衡は崩れつつある。

25年１月10日に血液検査を受けると、正常値の上限が36ほどの腫瘍マーカー「ＣＡ19－９」の数値が４１００を超えて、担当医から「本格的に転移が始まった可能性が高い」と告げられた。

その数日後、無理して駅の階段を走ったことが祟《たた》ったのか、体調が急変した。お腹や背中の中心部周辺に激痛が走り、ＣＴ検査を受けると腹部に播種《はしゅ》という、がんの飛び火のようなものが広がっていた。あまりの激痛に眠ることもできなかったが、今は医療用麻薬で何とか痛みを抑えている状態だ。

23年11月に糖尿病の主治医から人間ドックを勧められ、受診するとステージⅣのすい臓がんと診断され、「このままだと来年の桜は見られない」と告げられた。抗がん剤治療を始めたが体に合わず、23年の年末には死の淵を彷徨《さまよ》い三途の川がくっきりと見えた。

すぐに治療法を変えたことが功を奏して一命を取り留めたが、私の頭に浮かんだのは「一刻も早く資産整理をしなければならない」ということだった。11年に父を亡くした際、あちこちに散らばった銀行口座や証券口座の特定に手間取り、相続税の申告期限である10か月にわたって地獄のような苦しみを体験したため、資産整理の重要性が身に染みていたのだ。

父の資産整理を終えるとすぐ、自分の預金口座と証券口座のリストを作り、パソコンに保存した。

そして、がんが発覚してからは預金口座を一本化した。ただし昔と違って現在の銀行は多額の預金を下ろそうとすると事前の予約が求められ、予約を取れるのは1~2週間先ということがある。

しかも預金を下ろすには通帳と印鑑、キャッシュカ

すみやかに資産整理を始めた森永さん（私設博物館「B宝館」にて）

ードの3点セットが欠かせない。預金先の銀行が10行ほど、印鑑も10本以上あったが、どの通帳にどの印鑑を使ったか分からなくなり、窓口で確認するのに膨大な手間と時間を要した。

どうしても分からなければ、銀行に通帳の再発行や印鑑の改印を依頼することになる。これも最長で3週間ほどの無用な時間がかかる。

生前に資産整理する際、リストには金融機関名と資産内容だけでなく、通帳の保管場所、口座開設に使った印鑑や暗証番号などをセットで記入することが大切だと実感した。また、通帳の一本化には想像以上の時間がかかることを覚悟し、できるだけ早い段階から動き始めることをお勧めしたい。

多額の売却益が治療の助けに

がん発覚と同時に株や投資信託、外国債券などの整理も始めた。金融資産は買うより売るほうが100倍難しく、特に昨年は上げ相場が続いたので決断が鈍った。株主優待がどうしても必要な株だけを残して、ほぼすべての金融資産を売却し終えたのは24年の7月中旬だった。

それでも売却したタイミングは僥倖《ぎょうこう》だった。当時の日経平均は4万1000円台、為替レートは1ドル160円。株価と円安のバブルの恩恵をフルに受けて、手元には三千数百万円の売却益が転がり込んだ。

現在は上げ市場を追い風に新NISAブームだが、今後、バブルが弾けて日経平均は3000円程度まで暴落すると見る。特に高齢者が投資に頼るとバブル崩壊で老後資金をドブに捨てるも同然で、投資資産を生前整理することが老後の生活を守るための最優先事項となる。

実際、私の場合はこれが治療費の捻出に多大な助けとなった。

当初、すい臓がんのステージⅣと診断されたが、その後、どの臓器に原発のがんがあるか不明な「原発不明がんの終末期」に改められた。

現在、受けている治療は免疫チェックポイント阻害薬「オプジーボ」と、血液免疫療法「NK療法」だ。オプジーボは非常に高額の薬だったが今は薬価が下がったうえ、原発不明がんには保険適用となる。それでも3割負担で月二十数万円の費用がかかり、ＮＫ療法は自由診療で１回50万円×２で月１００万円。その他の費用を含めると毎月の医療費は約１５０万円になるが、資産整理で得たお金で闘病が続けられている。

一方で、抗がん剤や放射線といった保険適用の標準治療だけでも十分にがんと戦えるという実感もある。標準治療なら高額療養費制度など公的医療保険制度が併用できるので、毎月の自己負担額は抑えられる。多くの場合、月額10万円前後で済むのが現実なのだ。

私の場合は生きられてもあと数年だろうし、抗がん剤治療が死ぬほどつらかったので治療費は気にせず自由診療を受けている。がんの診断を受けた時、私の頭には9割がた書き上げていた新著と、教え子である獨協大学のゼミ生を放り出して無責任に死ねないという思いが強かったのだ。

生保は不要

医療費という点で言えば、民間の保険も必要ないと考えている。もともと医療保険には一切入っていなかったが、60歳になるまでは生命保険に加入していた。

日本専売公社でサラリーマンをしていた28歳の時、4000万円の死亡保障が付いた定期保険特約付終身保険に加入していた。大黒柱の自分が定年退職までに死亡したら、妻や子供が生活に窮すると思ったからだ。

ただし、4000万円の死亡保障は60歳までの定期にした。定年時には退職金も入るし、当時は60歳から年金が受け取れる仕組みだった。子供も独立するから、そこから先の大きな死亡保障は不要と考えたのだ。現在は終身部分の死亡保障300万円が残るのみ。十分な額だと思う。

28歳から60歳までの間に支払った保険料の総額は1000万円程度。50代半ばで子供たちが独立したため、その時点で保険を解約する選択肢もあったが、満期まで継続したのには理由があった。

予定利率が5％を超える時代の保険、いわゆるバブル期の〝お宝保険〟で、保険料に対して高い満期返戻金が受け取れたからだ。しかし、現在の大半の生命保険の予定利率は1％を下回っており、ずるずる持ち続けると損をすることになりかねない。特に60歳を超えたら、生活を支えなければならない家族がいる場合を除き、生命保険は不要だと思う。

大きな死亡保障は不要な年齢になっても、急な入院や手術に備え、医療保険は不可欠と考える人は少なくない。

そうした層に向け、保険各社は60代以降でも入れる掛け捨ての医療保険に力を入れるが、注意が必要だ。

繰り返しになるが、がんに限らず、医療費の大半は公的保険や公的補助でカバーできる。歳をとって「なんとなく不安だから」と保障をむやみに増やすと、保険料が家計を圧迫する。いざという時のために備えたつもりが、老後破産の引き金になるようでは本末転倒である。

保障額を考えても、保険料を払い続けるのは得策ではなく、その他の使い途にも回せる可能性のある貯金で備えるほうが望ましい。

一般的な掛け捨ての保険で受け取れる保険金は、入院保障が1日5000〜1万円程度、手術給付金が20万円程度、がん保険で一時金が出たとしても100万円ほどだ。逆に言えば、大半の病気の治療、入院、手術は、100万〜200万円の貯蓄があれば十分に賄《まかな》えることになる。

保険に頼らずとも、病と闘うことはできるのだ。

家賃は10分の1

多くの高齢者は子供に資産を遺そうと無理な節約をし、現実に高齢者の金融資産は死の直前が最も多い。だが自分が築いた資産は子供など親族には遺さず、生きているうちに使い切ることが鉄則だ。

そもそもお金を墓に持っていくことはできない。1億円といった大金ではなく、数百万～1000万円程度の遺産ほど「争族」が生じやすい。私の場合、子供の扶養義務は成人するまでと考えているので、それ以降は自分や配偶者のためだけに使うほうがいい。

老後資金を貯めて収入を増やすべきという発想は捨て、年金と現在の貯蓄の範囲内で生活できるように支出をコントロールして生きることを考えたい。これを最もラクに実現するコツは、「住まい」を変えることである。

私は28歳の時に都心から電車で90分ほどかかる埼玉県所沢市に戸建て住宅を購入して移住し、都会生活を捨てた。現在、家族3人の生活費は月10万円ほど。家賃は都心の10分の1程度で、物価も肌感覚では3割くらい安い。それでいて都心にも出やすく、病院通いも苦にはならない。

近隣の農家が作った農作物を直接安価に買うこともできる。私自身、自宅近くに畑を借りて20種類くらいの野菜を作っていて、家族が食べる分は自給自足。食費は半分以下になった。その結果、生活費は月10万円程度に収まっている。

トカイナカ生活なら月22万円どころか、月15万円程度の年金収入でも問題なく生きていけるはずだ。

トカイナカで暮らすことこそ、老後にお金の心配をせず、健やかに過ごすカギなのだ。

ラーメン、ケーキ、タバコ……「我慢」をやめたら元気になる

がんを宣告された時、頭の大部分を占めたのは獨協大学のゼミ生と完成間近の新著のことだった。

特に後者は40年余りの経済研究の集大成かつ戦後史を塗り替えるもので、それまでメディアでタブーとされた内容を命がけで完成させたいと思い、病床で次男が口述筆記して『書いてはいけない　日本経済墜落の真相』（三五館シンシャ　24年3月刊）が出来上がった。

私は医師ではなく、医学的に正しいかどうか分からないが、余命数か月と宣

告されてから1年以上も生き抜いた経験から言えば、「前向きな気持ち」で免疫を高めることが、がんとの闘いにおいてはとてつもなく重要ではないかと思う。

ある医師は私にこう言った。

「免疫量は健康状態に比例しますが、免疫の3割はどれだけ前向きに生きるかという精神面の要因に左右されるんですよ」

このために必要不可欠なのは、自分がやりたいことをやって、つらく苦しい治療や生活スタイルを避けることではないか。

私の場合は熱心に打ち込める仕事があったことが幸いした。「やりとげるまで死ねない」という強い意志が自分を立ち上がらせてくれた。

今最も楽しいのは、寓話を創作している時だ。想像の泉が噴出して次々にアイデアが浮かび、徹夜も辞さず書き続けている時の興奮が免疫力を高めていると思えてならない。昨年末に出版された私の寓話集『余命4か月からの寓話』（興陽館）は続編となる2巻と3巻もすでに脱稿している。イソップ物語を超える25巻まで出すことが今の私の目標で、生きるモチベーションになっている。

入院はしない

がんになってから食事や生活習慣について膨大なアドバイスをもらったが、私が決めたのは好きな物を好きなだけ、何も気にせず食べること。やりたい放題で、何も気にせずバットを振り抜くことが大事と考えた。

特に糖分に関して、がんの好物が糖分なのでお菓子を食べるなと言う人もいたが、自分の最大の課題は体重減少を止めることなので、アイスやケーキを間食でバンバン食べ、一日中、アメを舐めている。オクラやめかぶなどのネバネバ系も健康にいいとされるが嫌いだから口にしない。

ラーメンやカルビ、豚バラブロックなど脂っこいものも好物で積極的に食べている。

量は食べられなくなったものの、一番好きなのは「食べ放題」の店で、スプーン一杯のカレーと焼きそば3本、焼肉2枚とか、いろんなものを少しずつ食べるのが楽しい。そんな食べ方が許されるのは、食べ放題の店だけだろう。

一方でがんになってから、栄養価が高くて効率がいい卵やヨーグルトを毎日食べるようになった。温浴療法も勧められたので、妻と一緒にスーパー銭湯に行って、かけ流しの温泉に入ることも日常のルーティンになった。

少しは健康に気を遣っているが、タバコはやめていない。今も1日20本以上吸う不健康なライフスタイルである。

この先、がんの転移が広がって重篤な状態になったとしても、入院はしないし、延命治療を受けるつもりもない。命があるうちは、つらいことや苦しいことはせず、自分が楽しいと思うことだけを思い切りやりたい。

ただし、これはあくまで私個人の人生観であり、やりたい放題やった結果、寿命が短くなる可能性もある。それでも、多少命が縮んでも何のストレスや苦痛もなく、残りの人生を過ごすほうがいいというのが私の選択だ。自分の人生だから、最後は自分で選びたい。

都心から離れた森永さん

「もうすぐ死ぬ」という最強のカードを手にしたのだから、他人にとやかく言われる筋合いはないはずだ。命が尽きるまで誰にも忖度せずフルスピードで走り続けて、運命が尽きた日に、前向きに倒れる。

それが今の私が考える、がんとの向き合い方だ。

人間関係もバッサリ整理
妻には嫌われたほうがいい

三途の川から生還した24年の初頭以降、金融資産だけでなく「物」の整理も進めてきた。

物を処分する際、「今は使っていないが、いつか必要になるかも……」と思うものは基本的にバッサリと捨てていい。いつか、が来る可能性はまずないからだ。

まず手をつけたのは、獨協大学の研究室に溢れる数千冊の書籍だ。

「欲しい本があれば好きなだけ持ち帰って」

そう学生に声をかけると2割ほど減り、残りは遺品整理業者に依頼して7月に一気に処分した。書籍は売却しやすいため、それを勘案すると処分費用は比較的安かった。2トントラックの荷台が満載になる量で10万円足らずの費用負担だった。

20台ほどあったパソコンも処分した。パソコンは内部の基盤に金を多く含むため、専門のリサイクル業者が無償で引き取ってくれた。

頭を悩ませたのが、おもちゃやミニカー、お菓子のおまけなど60種類以上、約12万点のコレクションを展示する私設博物館「B宝館」の取り扱いだ。完全に趣味で運営する博物館で世界唯一のミュージアムだと自負しているが、何年か前にテレビ番組が鑑定士と弁護士を連れてきて鑑定したところ、産業廃棄物の処理費用を勘案した鑑定結果は「ゼロ円」だった。

鑑定結果に納得できなかったが、その弁護士からは「相続税がかからなくてよかったじゃないですか」と言われた。私としては100年後にはB宝館のゴミが宝に変わり、世界遺産に登録されることを信じている。

結局、家族の中で唯一私のコレクションに理解を示した次男が継承することが決まり、コレクターとしてのけじめがついたと安堵した。どうしても捨てられない大切なものは、「人に譲る」という選択肢があることを知ってほしい。

仕事関係では私ががんになって開けたスケジュールの穴を長男の康平が埋めてくれた。「世襲ではないか」と言われたが今ではメディア出演も増え、経済アナリストとしての事業継承はスムーズに進んだと思う。

孤独な作業

順調に身辺整理を終え、最後に残るのが「人間関係」の処遇である。

がんなどで余命宣告された場合、多くの人は親しい友人に感謝を伝えておきたいなどと思うものだ。ただ私の場合、どんな人にでも平等にオープンに付き合うことは心がけてきたが、親密な関係性を持つ友人は1人もいない。

仲間を作ると自分の都合に相手を巻き込んだり、仲間の問題に自分が巻き込まれたりするのが嫌で、これまで親しい友人を作らないようにしてきたのだ。

世の中には退職して初めて迎えた元旦に届いた年賀状が例年の10分の1に減ったことを嘆く人がいるが、そんなことは当たり前である。仕事つながりの人間は仕事の幕を閉じれば離れていくのが自然ではないか。

死に向き合うのは孤独な作業で、誰かと共有しても意味がない――余命宣告を受けてますますそう確信した。

そんな私だが、妻には頭が上がらない。過去に父の介護で苦労をかけたうえ、今は私の身の回りのこともやってもらっている。

心配なのは、これまで私が資金管理をすべて担ってきたため、妻の金融リテラシーが育たなかったことだ。このままだと私の死後、財産の管理に行き詰まることが目に見え、詐欺に騙されるかもしれない。

私の死後、妻が1日も早く1人で生きられる状況を作るため、心を鬼にして彼女と距離を置き、事務作業を丸投げするよう心がけた。私が妻に嫌われれば、私がいなくなっても妻はすぐに立ち直れると思ったのだ。

だが正直、これまで私に尽くしてくれた妻を冷淡に扱うことは難しく、この身辺整理だけは上手くいっていない。

それ以外について私はそもそも生に対する執着が薄く、葬儀も戒名も位牌も仏壇もいらない。遺骨はゴミと一緒に廃棄処分してもらっても構わない。死んだら綺麗さっぱり消滅し、忘れ去られるものだという意識が日増しに強まっている。

自分にできることは生きている間、なるべく周囲の人に迷惑をかけず暮らすことだけだ。

私の描く理想の最期は、沖縄の誰もいないビーチに佇《たたず》んで1本のタバコを深く味わい、「実に充実した人生だった」と言いながらそのままこと切れることである。

森永さんは「死ぬ日まで仕事をする」と話していた

第三章

真実を見抜く目を養う名著25選

3

森永さんは生前、週刊ポスト誌上で20年以上にわたり書評委員を務め、亡くなる直前まで珠玉の一冊を紹介し続けた。日本経済の暗部や世界情勢の趨勢《すうせい》、歴史秘話まで、教養を深め、真実を見抜く目を養う25冊を厳選して収録する。

（時制は掲載当時のもの）

世の中の見方が変わる経済書編

資本主義はバブルとパニックを繰り返す宿命にある

『資本主義の中で生きるということ』

岩井克人 著

筑摩書房

本書は、最も偉大な経済学者、岩井克人氏のエッセイ、新聞連載、インタビューなどを取りまとめたオムニバスだ。そのため、口語体から論文調まで表現もさまざまで、難易度も文章によって異なっている。ただ、本書が一貫して追求するテーマは、資本主義とは何か、そして、それとどう付き合うべきかとい

うことだ。

著者は、資本主義の本質を「投機によって成立しているシステム」だと喝破する。本来の価値とは無関係に、欲しい人がいれば、無制限に価格は上がっていく。最近の事例で言えば、エヌビディアの時価総額が日本のGDPと肩を並べるという事態で、それがバブルだ。ただ値上がりは永久には続かない。一度バブルが弾けると、買い手が不在となり、とんでもない勢いで価格が下落する。著者は、その現象をパニックと呼んでいる。バブルとパニックの繰り返しが資本主義の宿命なのだ。

数年前から、私は米国株が史上最大のバブルを起こしていて、いずれ10分の1程度に大暴落するという予想を掲げて、袋叩きにあっている。その理由は、資本主義に盾突いているからだろう。投機家にとって本来の価値など、どうでもよいことだ。彼らの関心は、値上がりによるキャピタルゲインを得ることだけだ。そこに水を差すような発言は許せないのだ。

もちろん、行き過ぎたバブルは、その反動としてのパニックを必ず引き起こす。それは、デフレや恐慌につながって、国民生活を破壊していく。私が『バブルとデフレ』という書籍を書いて、デフレ脱却のためのインフレターゲットを主張したのが四半世紀前だが、ほぼ同時期に著者が同じ主張をしていたことを本書で知って、経済学の偉人に失礼ながら、親近感を持ってしまった。当時、インフレターゲットは、俗論として、世間の非難の的だったからだ。

著者が主張する資本主義との付き合い方は、適切な金融政策で、インフレでもデフレでもない状態を続けることだが、残念ながら、いまの日銀はそれが分かっていないようだ。

（週刊ポスト2025年1月17・24日号）

マルクスが見抜いた「生きにくさ」の正体

『ゼロからの「資本論」』

斎藤幸平 著

NHK出版新書

いきなり今年のベスト本に出合ってしまった。私は大学時代に『資本論』の読破に失敗して以来、ずっと『資本論』の解説本を読み続けてきた。だから確実に言える。この本はベストどころか、次元の異なる最良の経済の教科書だ。

いま我々が感じている「生きにくさ」の原因を分かりやすく説いたうえで、マルクスはこう言っていると『資本論』を紹介する。私がぶつかってきた『資本論』の壁は、音を立てて崩れていった。

ただ、本書の価値はそうした逐条解説だけではない。一般的な資本論の理解を根底から覆《くつがえ》す著者自身のユートピアへの道筋が示されているのだ。

一般的な理解では、資本主義の最大の欠陥は、格差の拡大だ。だが、著者の『人新世の「資本論」』によると、マルクスは、資本主義による地球環境の破壊まで見通していたという。そして、本書で著者が強調しているのは、マルクスが最も問題視していたことは、「資本による支配の下で、労働が無内容になっていく」という点だということだ。

生産性を上げるために、労働が定型化され、マニュアル化され、労働者の創意工夫の余地がどんどん削られていることが、一番の問題だと私自身も指摘してきたのだが、マルクスは、それもお見通しだったのだ。だから著者は、マルクスのユートピアを実現するためには労働の自律性を取り戻すべきだとし、そのカギを握るのがアソシエーションだという。

私は驚いた。オムロンの創業者立石一真が１９６０年代末に発表したＳＩＮＩＣ理論という未来予測では、２０２５年から世界は自律社会に構造転換し、それを支えるのは自立・連携・創造だとされていた。著者が理想とする経済社会が、2年後に訪れるとしていたのだ。

私自身、5年前から農業を始め、農産物の物々交換で、資本主義の呪縛《じゅばく》から逃れることが、幸福をもたらすことを実感している。そのことを若者たちにも伝えなくてはならない。私はこの本を講義の教科書にすることに決めた。

（週刊ポスト2023年3月3日号）

シカゴ学派の総帥が説いた「負の所得税制度」

『ミルトン・フリードマンの日本経済論』

柿埜真吾 著　PHP新書

久しぶりに頭をぶん殴られるくらいの衝撃を受けるとともに、自分の勉強不足を恥ずかしく感じた。実は、私はミルトン・フリードマンの著作をまったく読んでいなかった。読む必要もないと思っていたからだ。

私はフリードマンを敵だと思ってきた。市場原理主義者の巣窟《そうくつ》であるシカゴ学派の総帥であり、規制緩和・民営化路線の新自由主義者たちに理論的支柱を与えてきたからだ。ただ、本書を読んで、フリードマンの主張する政策が、左派である私の主張と大きく重なっていることに気づかされた。

例えば、低所得世帯に教育機関への支払いにだけ使えるバウチャーを発行して、実際の学校選択は家庭に任せる教育バウチャー制度を、フリードマンは自ら財団を作って実践している。私が導入を主張し続けている「すべての国民に無条件に一定額を国が給付する」ベーシックインカム制度と、ほぼ同内容の「負の所得税制度」をフリードマンは提言している。弱肉強食を容認する冷酷非情の経済学者だと思っていたのだが、政策は意外とリベラルなのだ。

もっと驚いたのは、フリードマンが日本の消費税に反対し、金融緩和と減税を主張していたことだ。ここまで来ると、私の主張していたマクロ経済政策とフリードマンは、まったく同じということになる。もちろん、フリードマンが消費税に反対するのは「小さな政府」に反するからだし、不良債権処理や構造改革という弱肉強食政策を支持していることも事実だ。

ただ、フリードマンが高い経済分析能力を持っていることは、間違いのない事実だ。フリードマンは元々保険数理士を志す理系出身だから、理念や理論先行ではなく、実際のデータを重視する。データをきちんと分析して、経済のメカニズムを解明する。それは科学者として正しい態度だ。

いま日本経済は再びデフレに陥落する瀬戸際に立たされている。我々は、もう一度フリードマンの経済分析を学び直す必要があるのではないだろうか。

（週刊ポスト2020年1月17日・24日号）

インド独立の父が説いた近代経済学の新境地

『ガンディーの経済学　倫理の復権を目指して』

アジット・K・ダースグプタ 著　石井一也 監訳

作品社

「非暴力・不服従」は素晴らしいけれど、マハトマ・ガンディーは経済学が分かっていないと思ってきた。機械化を伴う近代工業や自由貿易体制を否定するなど、我々が豊かに暮らすための経済システムを根本から批判していたからだ。

ところが、私の認識が、とんでもない誤りであることに、本書は気付かせてくれた。ガンディーは、経済学を知らなかったのではない。むしろ近代の経済学が抱える最大の欠陥を正す重要な論理を展開していたのだ。

近代経済学では、合理的経済人が主人公だ。自分の利益を最大化することだけを基準に、あらゆる行動を決めていく。しかし、そうした行動が、差別や貧困の問題を深刻化させている。だから、心ある人は、ＯＤＡや個人の寄付によって、何とか苦しんでいる人たちを助けようとする。ところが、そこでいつも問題になるのは、誰を助けるべきかということだ。世界中の人を助けることなどできないから、手を差し延べられる人は限られる。誰を助けるべきかについてのガンディーの考えは、明確だ。自分に近い人から助けなさいというのだ。だから、ガンディーは地元の産業が潤うように、地元の産品を地元で消費しなさいと地産地消を唱える。近代工業生産や自由貿易への批判は、その思想から来ているのだ。

私の一番の関心は、ガンディーが経済格差をどう捉えているのかということだった。その答えも明確だった。ガンディーは、人間の優越や劣等という概念そのものを認めない平等主義者だ。しかし、経済格差については、結果の平等を求めていない。ある程度の経済格差を容認する。しかし、経済の支配者は、貧者を犠牲にすることで、あるいは貧者の所得を同じ率で増やすことなしに、自分の所得を増やしてはならないと考えていた。

「飛行機の離陸と同じで、まず前輪（経済強者）が上がらなければ、後輪（経済弱者）は上がらない」として格差拡大を容認してきた新自由主義者たちに、このガンディーの言葉を聞かせたい。

（週刊ポスト２０１０年11月12日号）

一生富裕層になれないサラリーマンの残酷な真実

『日本のお金持ち研究』

橘木俊詔、森剛志 著

日本経済新聞社

最初に断っておこう。この本はれっきとした経済の研究書だ。しかも日本経済学会会長という偉い人が書いた研究書だ。普通だったら、素人が読める代物ではない。ところが、この本は普通のサラリーマンも、興味を持って読むことができるはずだ。何故なら、まず、むずかしい経済理論や数学が出てこない。

そして、この本は、我々の野次馬根性を刺激してくれる。どういう人がお金持ちになっていて、どれだけ資産を持っていて、何を生き甲斐に生きているのか。我々は「金持ちはいいよな」と愚痴をこぼしながら、実は彼らの実態をほとんど知らない。それもそのはずだ。この本は日本で初めてのお金持ち研究書なのだ。

本書は日本のお金持ちに対する独自のアンケート調査の結果紹介から始まる。三千万円以上の高額納税者で、前年も高額納税者名簿に名前が載っていた人全員、約六千人を対象に調査は行なわれた。そこから浮かび上がった事実は、意外なものだった。

私のお金持ちのイメージは、芸能人やスポーツ選手とＩＴ長者だった。ところが、そうしたイメージは間違っていた。お金持ちの32％が企業家、15％が医師で、この二つの職業だけで半数近くを占める。ついで企業の経営幹部が12％、芸能人とスポーツ選手は１％ずつ、弁護士はわずか０・４％に過ぎなかった。

そうなると、お金持ちへの道は、まず企業で偉くなることのように思えるが、東京都の企業経営者・幹部の高額納税者のうち、上場企業の人の割合は２割に過ぎず、しかも17年前の３割から大幅に減っている。

つまり、お金持ちになるには、上場企業で出世するのではなく、自分で起業するか、親の企業を受け継ぐしかないことになる。

医者のほうは、開業医になればかなり安定して稼げてきたが、診療報酬の抑制でそれもすでに危うくなり、親が開業医でない場合はローンの負担も大きい。結局、お金持ちになれるのは心身共に健康で、勤勉で、なおかつ幸運に恵まれて事業に成功した人と、親が金持ちだった人に限られるのだ。

ただ、お金持ちになった時の果実は大きい。平均的な世帯は、高齢期でも年収の10倍の資産を持つにすぎない。ところが、お金持ちは、平均年収1億円に対して資産は54億円。なぜそうなのかと言えば、お金持ちは使うために稼ぐのではなく、天命のように仕事に没頭するからだ。

だったら、金持ちに重税を課せばよいと私は思う。重税を課しても彼らは天命としていまと同じように働くはずだ。

本書のなかでも、社会的な分配の公正さと、課税による労働力供給への影響、さらには能力分布の状況を加味した最適所得税制は、所得税の最高税率が現在の37％ではなく、70％だった70年代から80年代のものだとしている。私はこの意見を全面的に支持したい。お金持ちは納税してこそ、国民に尊敬されるのだ。

（週刊ポスト２００５年６月３日号）

経済学でいじめ問題を解決する

『亜玖夢博士の経済入門』

橘玲 著

文藝春秋

この本をご紹介しようかどうか、悩んでしまった。経済学の知見のない人にとって、この本が果たして面白いのかどうか分からなかったからだ。しかし、やはりこの本にした。とにかく、圧倒的に知的興奮が楽しめるからだ。
①行動経済学、②囚人のジレンマ、③ネットワーク経済学、④社会心理学、⑤ゲーデルの不完全性定理。この5つは、経済学徒、特に理科系寄りの経済学徒にはお馴染みの理論だろう。勉強したことはあるが、理解はできなかったとい

う人も多いかもしれない。その難関理論を土台に、サスペンス小説を書いてしまおうというのが、この本のコンセプトだ。

主人公は、政治経済学から数学、物理学にいたる幅広い学問分野に精通する亜玖夢三太郎博士だ。70歳、身長150センチの四頭身で、顔の半分は額、白髪を肩まで伸ばしている異形だ。

古今東西の書物を読破してきた博覧強記の博士は、自らの学識を生かして衆《しゅ》生《じょう》を救済しようと、新宿歌舞伎町に研究所を構える。博士の民衆救済事業に共感したボランティアの手によって、「相談無料。地獄を見たら亜玖夢へ」というキャッチコピーが書かれたチラシが街頭で配られる。

社会から疎外された人たちが、そのチラシを見て相談に訪れるというのが、物語の始まりになる。真骨頂はここからだ。相談者の悩みに対して亜玖夢博士が五つの理論の一つを持ち出してきて、解決策を提案していくのだ。例えば、ネットワーク経済学のハブ・アンド・スポークの理論を持ち出して、いじめの問題を解決してしまう。そんなバカげたことがあり得るのかと思われるかもしれない。しかし、これが思わず唸ってしまうほど見事な理論の応用が展開されるのだ。

おそらく著者が理論の本質を正確に把握しているからできるのだろう。だから「大学で学んだ経済学なんて実社会では何の役にも立たない」と思っている人にこそ、この本をぜひ読んでもらいたいのだ。それだけではない。私は著者が発明した亜玖夢研究所での相談というコンセプトが、経済学を楽しく学ぶ教科書として本当に活用できるのではないかと思っている。

すでに本書では、ポイントとなるところにイラストが入り、手書きの文字も加えられている。これで、チャートや箇条書き、色刷り、練習問題などを加えれば、受験参考書と変わらない分かりやすさになるだろう。しかも、受験参考書にはないスリルとスピード感を備えているのだから、無敵の教科書になることと間違いないはずだ。もちろんそのためには、著者の類い希な才能が必要だから、ぜひ亜玖夢博士をシリーズ展開してほしいと思うのだ。

（2008年1月25日号）

小泉内閣が刻んだ「歴史に残る残虐行政」

『実感なき景気回復に潜む金融恐慌の罠』

菊池英博 著　ダイヤモンド社

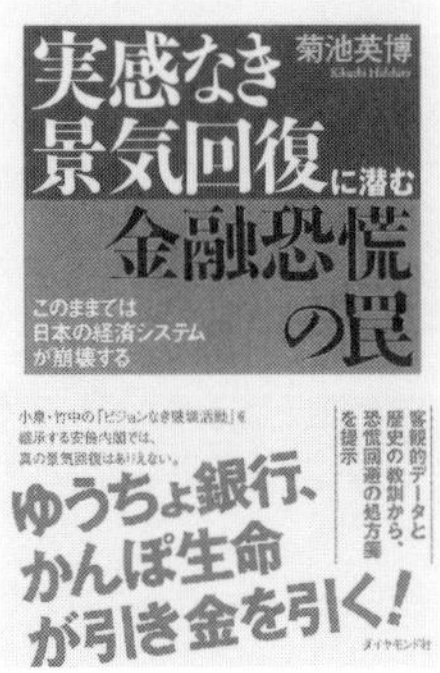

この本に書かれていることの大部分は、世間が信じている常識に真っ向から反する。しかし、私は経済アナリストとしての威信をかけて断言する。この本に書かれていることは、すべて紛れもない事実だ。

著者が批判しているのは、バブル崩壊以降の経済政策、とりわけ小泉構造改革だ。それも改革の取り組みが中途半端だとか、順番が違うとかいった細かい話ではない。そもそも小泉構造改革は、基本理念から間違っていたと主張しているのだ。

「郵政を民営化して公的部門に集まっていた資金を民間に回せば経済が活性化する」。小泉首相は郵政民営化の目的をそう述べた。しかし、民間銀行に資金はあり余っている。

郵政民営化で生ずる本当の事態は、外資の入った郵貯や簡保の資金運用が、日本国債から外債投資へと流れることだと著者は主張する。確かに米国債の金利は日本よりもずっと高いし、格付けも米国債のほうが高いのだから、必ずそうなるだろう。

郵貯・簡保から200兆円の資金が海外に出ていくと、日本国債の引き受け手がなくなり、国債価格は大きく下落して、大量の国債を保有する国内銀行に莫大な評価損が発生する。すると自己資本が毀損《きそん》するので、銀行は自己資本比率を守るために大幅な信用収縮をせざるを得なくなる。

また、ゆうちょ銀行は地方銀行の預金を奪い、さらにゆうちょ銀行が貸し出しを始めると、地方銀行の貸出マーケットを奪っていくため、地方銀行の経営は行き詰まり、消えていく。郵政民営化は、日本の金融システムを破壊するのだ。

小泉構造改革のもう一つの目玉である不良債権処理の加速化についても、著者は厳しい評価を下している。2000年度に主要行の不良債権比率は、ほぼ健全と言える5%まで下がっていた。そこに竹中金融担当大臣が持ち込んだディスカウント・キャッシュ・フロー法と減損会計を駆使した資産査定が、銀行の不良債権を積み増していき、融資先の企業と銀行を破綻させていったと著者は分析している。

特に、りそな銀行、UFJ銀行、ダイエーについては金融庁が「意図的に潰した」と断言している。UFJ銀行が意図的に潰されたことは、UFJを吸収合併した三菱UFJグループに8000億円もの不良債権処理の戻り益が、その後生じていることからも明らかだ。

この他にも、著者の分析は金融・財政政策の幅広い分野で繰り広げられているが、著者が、「歴史に残る残酷な行政」と呼ぶ政府の暴挙をここまではっきりと指摘した文献を私は他に知らない。

本書は私が今年前半に出会った本のなかで、間違いなくベスト・ワンだ。

（週刊ポスト2007年7月27日号）

国民を騙す竹中平蔵の2つの神業

『闘う経済学　未来をつくる【公共政策論】入門』
竹中平蔵 著
集英社インターナショナル

後期高齢者医療制度や派遣労働の規制緩和など、いま小泉構造改革の残した負の遺産が国民生活を脅かしている。

道路特定財源の暫定税率も、郵政解散で与党が3分の2以上の議席を得たから復活したのだ。そうしたなかで、竹中氏が深くかかわった二大構造改革にも、いまになって振り返ってみると、大きな疑問が浮かび上がる。不良債権処理と郵政民営化だ。

竹中氏の厳格な不良債権処理は、本来なら生き残れる銀行や企業までを破綻に追い込み、ハゲタカに莫大な富をもたらすとともに、格差急拡大の基礎を作った。郵政民営化は、サービス水準の低下と手数料の値上げ、そして郵貯や簡保の国家保証をなくすことによる利用者へのリスクのつけ回しをもたらした。

一言でいえば、不良債権処理や郵政民営化で国民生活がよくなったことは、ほとんどなかった。普通なら、それを正当化することは、容易ではない。ところが、本書は二つの構造改革の正当化という神業を実に見事になしとげている。やはり竹中氏は10年に一度生まれるかどうかの天才だ。

ここで使われているプレゼンテーションの技術を身につけることができれば、サラリーマンは、上司から押し付けられる無理難題や、クライアントから突き付けられる理不尽な要求にも、易々と対応できるようになるだろう。

その技術のエッセンスを私なりにまとめると、①平易に書く、②よどみなく論理的に書く、③大部分は本当のことを書く、④根拠の薄いところこそ堂々と書く、ということだろう。

例えば、５０００万円の借金をして不動産を取得したら、２５００万円に値下がりしてしまった。これは企業にとっては、債務超過であり、銀行にとっては不良債権になるという竹中氏の説明は正しい。しかし、銀行がしっかり審査を行なって信用管理をしていれば、不良債権は発生しなかったというのは間違いだ。銀行の力で不動産価格の下落を防ぐことはできなかったからだ。

郵政民営化のメリットの説明は、もっと大胆だ。「現実に郵政は国民に大きな負担を課していた」と最初に断言しながら、その後、国民が具体的にどれだけの負担をしていたのかは、出てこない。結局、将来郵政に赤字が出たときには国が責任を持たないというリスクが「現実の負担」なのだ。ただ、これだけ論理が飛躍しているのに、文章が滑らかで、小泉総理や経済財政諮問会議といった権威の登場で、読者は飛躍に気付かない。

「説得力のある文章を書くためにはどうしたらよいのか」という視点で読めば、この本は他書を寄せ付けない最高の教科書だろう。

（週刊ポスト２００８年７月４日号）

投資家が完全否定するバブルの通説

『すべての経済はバブルに通じる』

小幡績　著

光文社新書

私の生涯の研究テーマは、「人はなぜ正気を失うのか」ということだ。だから、カルト教団、悪質商法、悪女、プレイボーイ、そんなものを片端から研究してきた。そして、経済分野で最も興味を持ってみてきたのが、バブルだった。

１６３０年代のオランダでチューリップバブルが発生して以来、人類は70回以上の大きなバブルを経験してきた。そして、その度に国中を破産者だらけにしてきた。

それなのに、なぜ性懲りもなく同じ過ちを繰り返すのか。それは経済学者たちにとっても大きな関心事だったから、これまでもバブルのメカニズムを分析する書籍がたくさん出版されてきた。しかし、それらはおしなべて客観的立場からバブルを分析するものだった。

本書の画期的なところは、バブルの参加者、つまり投資家の立場からバブルのメカニズムを解いていることにある。それだけではない。著者は、これまでのバブル研究が積み上げてきた分析を根っこから否定するのだ。

著者が主張するように、これまでの研究では、①バブルの原因はユーフォリア（陶酔的熱狂）である、②バブルには後で気づいて後悔する、③プロはバブルに手を出さない、④時代の進歩とともにバブルのコントロールが可能になり、バブルの発生も少なくなる、とされてきた。しかし、著者はこれらの原理を真っ向から否定するのだ。

バブルが発生している時、投資のプロは、そのことを百も承知している。承知していて、あえてバブルに乗ることで収益を稼ぎに行く。だからバブルがなくなることは永遠にない。それが著者のバブルに対する分析だ。

確かに、著者の分析は、最近の為替ディーラーが購買力平価など見向きもせず、ただトレンドのみをとらえて取引している行動とピタリと符合するし、上海株の暴落、サブプライムショックなども実にうまく説明できる。

ただ、非常に興味深いのは、著者がいまの原油高、穀物高をバブルとは認識していないということだ。私は、いまの原油や穀物の価格は明らかにバブルであり、いずれそのバブルが崩壊して、行き場を失った金融資本が消滅すると考えているのだが、著者は原油や穀物の高騰は、実物に対してマネーの価値が下がることを意味しており、これが続けば実体経済と金融資本の主客が再逆転し、経済が本来の姿に戻る可能性があるとしている。

この部分については、私は納得していないが、経済が本来の姿に戻るまでの間に、金融資本がさらなる暴走をすることで、我々は激痛と悶絶を覚悟しなければならないとする著者の見通しには、全面的に賛成だ。

（週刊ポスト２００８年10月3日号）

資本主義によって奪われる「命の数」

『ザ・キルスコア』　ヤコブ・トーメ 著　鈴木素子 訳

日経ナショナルジオグラフィック

久しぶりに「こんな方法があるんだ」と感動した。資本主義によって奪われる命の数を表す「キルスコア」のことだ。

例えば、企業が温室効果ガスを何トン削減したとか、世界の総排出量が何トンといった話をされても、正直言って実感がわかない。しかし、その活動が、将来の影響も含めて、何人の人命を奪っているのかという測り方をすると、途端にリアリティが高まる。著者は気候危機、廃棄物、過重労働から戦争まで、資本主義がもたらす惨禍《さんか》のキルスコアを考察していく。

もちろんキルスコアの算定はむずかしい。例えば、最も直接的な温暖化の被害である熱中症による死亡者数にしても、温暖化や温室効果ガスとの因果関係を定量的に特定するのは困難だ。温暖化に伴う将来の気候変動がもたらす洪水や食料不足の定量化はもっと難しい。

ただ、本書の素晴らしい点は、そうした困難があることを認めつつ、これまでの研究をベースに大雑把な数字を提示していることだ。例えば、イギリスやドイツの国民は、人生を通じた温室効果ガス排出で、一人あたり0・9人の命を奪っているという。環境対策の後進国である日本人は、もっと多くの人を殺しているはずだ。そうした数字を突き付けられたら、環境対策にもっと強い関心を持つ国民は確実に増えるだろう。

また、どの国が一番人を殺しているのかをキルスコアで示せば、より効果的な地球温暖化対策の枠組みを作ることが可能になる。個別の産業政策の策定にもキルスコアは活用できる。例えば、電気自動車と軽自動車のどちらのキルスコアが高いのか、原発と太陽光発電のどちらのキルスコアが高いのかという事実を用いた政策選択だ。

ただ、私は著者の偉大な「発明」が世の中に無視されてしまうのではないかと懸念している。原発や電気自動車などに利権を持つ人たちにとって、キルスコアは都合の悪い数字になる可能性が高いからだ。ただ、だからこそ多くの人が本書を通じてキルスコアを理解し、その活用を訴えて欲しいと思う。

（週刊ポスト２０２３年８月18・25日号）

権力者の虚栄心が生む「クソどうでもいい仕事」

『ブルシット・ジョブの謎　クソどうでもいい仕事はなぜ増えるか』

酒井隆史 著

講談社現代新書

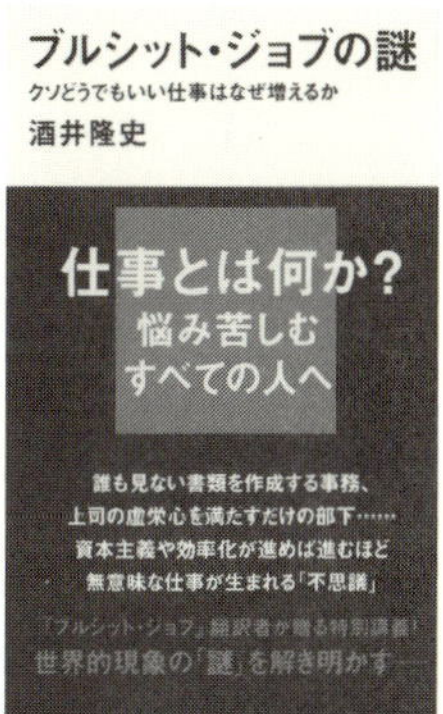
ブルシット・ジョブの謎
クソどうでもいい仕事はなぜ増えるか
酒井隆史
仕事とは何か？
悩み苦しむ
すべての人へ
誰も見ない書類を作成する事務、
上司の虚栄心を満たすだけの部下……
資本主義や効率化が進めば進むほど
無意味な仕事が生まれる「不思議」
『ブルシット・ジョブ』翻訳者が贈る特別講義！
世界的現象の「謎」を解き明かす
講談社現代新書

ずっと疑問に思っていたことがある。機械化やコンピューター化で生産性が大きく上がっているのに、なぜ休みが増えないのかということだ。本書は、明快な答えを示してくれた。それは、ブルシット・ジョブ（クソどうでもいい仕事）が増えているからだ。得心がいく結論だ。私自身、上司に命じられて、何の意味もない仕事をこれまで積み重ねてきたからだ。

本書は、人類学者のデヴィッド・グレーバーが２０１８年に公刊した書籍を、訳者の一人でもあった著者が、独自の見解を加えて解説したものだ。学術書というのは、正確を期すために、どうしても冗長になる。その点、本書は要点をコンパクトにまとめているので、とても読みやすい。

ブルシット・ジョブが増える理由を本書は、いくつか類型化して示している。一つは、権力者が自身の力を誇示するためだ。例えば、ビルのドアマンの仕事は、ドアを開けることではない。権力者の虚栄心を満たすことだ。その他にも、ロビイストや企業弁護士など、本質的な付加価値を生まない仕事が、権力者の都合や新自由主義化のなかで増えているのだ。

一方、本書の重要な指摘は、本質的な付加価値を生むエッセンシャルワーカーは、報酬が低いという現実だ。なぜ社会にとって大切な仕事は、報酬が低いのか。本書は、やり甲斐のある仕事をしている人は、仕事そのものから効用を得られるから、高い報酬は要らないという価値観があるからだという。それもあるのかもしれないが、私は権力者が反乱を防ぐために彼らを生かさず殺さずにしているからだと思う。

いずれにせよ、ブルシット・ジョブを減らすにはどうしたらよいのか。本書は、現状の社会保障に手を付けず、一律に追加給付をするユニバーサル・ベーシック・インカムの導入を提唱している。暮らしに不安がなくなれば、労働者は自らの判断でブルシット・ジョブをしなくなる。ベーシック・インカムの導入が進まないのは、権力者がそのことを分かっているからではないのか。

（週刊ポスト2022年2月4日号）

キャリア官僚が暴露した官官癒着

『日本中枢の崩壊』

古賀茂明著

講談社

久しぶりに永久保存版のすごい本に出合った。著者の古賀茂明氏は、経済産業省のキャリア官僚で、渡辺喜美行革担当大臣に請われて、２００８年７月に新設された国家公務員制度改革推進本部事務局の審議官に就任した。

そして官僚の利権に切り込む大胆な改革案を作り上げた。ところが、民主党政権が誕生した2009年9月のわずか3か月後に、仙谷由人行政刷新相によって更迭され、さらに2010年秋には、参考人として呼ばれた参議院予算委員会で、仙谷官房長官から「恫喝《どうかつ》」を受けた。公務員制度改革について発言することは、著者の将来のためにならないという公然の圧力だった。

経済産業省の官房付として幽閉されるなかで、官僚支配の実態と望ましい改革案を描いたのが本書だ。本書の素晴らしいところは、まず官僚の利権構造を具体的に暴いていることだ。例えば、業界を持たない人事院からも天下りが行なわれている。人事院に高給を確保してもらう見返りに、各省が天下りポストを用意するからだ。正直言って、私はそんな官官癒着があることさえ知らなかった。

ただ、本書のもっとすごいところは、多くの識者がいままで知っていても書けなかった事実を、堂々と書いているところだ。典型は、財務省に関する記述だ。なぜ財務省が国税庁を手放したがらないのか。それは、国税庁が本気を出せば、政治家やジャーナリストを脱税容疑で追い詰めることができる。だから、誰も財務省の正体を明らかにできない。

著者は、東日本大震災のあと、すぐに便乗増税に走り出した財務省を批判し、そして実際に大増税が行なわれて、日本経済が奈落の底に落ちていく事態を危惧している。自らの利権拡大のために増税を目指す財務省の動きを、財務省に屈した民主党が止められるはずがない。もともと官僚と複合体を作っていた自民党と大連立してもそれは変わらない。

私の一番の心配は、本書を上梓して真実を明らかにした著者が、今後冤罪で逮捕されるのではないかということだ。


（週刊ポスト　２０１１年７月１日号）

316万人もいる日本の1億円超富裕層

『プライベートバンカー 完結版 節税攻防都市』

清武英利 著　講談社＋α文庫

平成を一言でいうなら、「格差拡大」の30年だと私は考えている。かつて一億総中流社会と言われた日本が、いまや米国に近い格差社会に変貌してしまった。

ただ、格差拡大のメカニズムは、平成の前半と後半で異なっている。前半で起きたことは、正社員がリストラされて、非正規社員に転落するという下方向の格差拡大だった。その総仕上げをやったのが、小泉内閣が断行した規制緩和を中心とする構造改革だった。この点に関しては、私自身の『年収300万円時代を生き抜く経済学』でも詳しく書いたし、報道もなされてきた。

ところが、国民にあまり知られていないのが、平成後半に起きた格差拡大だ。こちらは、富裕層が爆発的に増えるという、上方向の格差拡大だ。

例えば、ワールドウェルスレポートによると、自宅や車などを含まない投資可能資産を1億1000万円以上保有する富裕層は、現在日本に316万人もおり、前年比で9・4%も増えている。ただ、彼らの存在が国民に認知されにくいのは、富裕層が自らの情報を開示しないからだ。自分の金儲けの手段や所得や保有資産を明らかにしたら、世間から袋叩きにあうので、彼らは情報を隠そうとするのだ。

そうしたなかで、本書は、富裕層の金儲けの手段や資産運用、そして節税のやり方にいたるまで、詳細に記述したノンフィクションだ。しかも、登場する会社や人物がすべて実名なのだ。これは、相当取材に自信がないとできないことだ。金持ちの周囲は優秀な弁護士が取り巻いているので、すぐに訴えられてしまうからだ。

相続税を回避するため、灼熱のシンガポールに移住し、ひたすら時が過ぎるのを待つ富裕層の姿を知ると、お金をたくさん持つことが、本当に幸福なのかと考えてしまう。本書は、最近文庫化され、本体で描かれた物語の後日談も収録されている。平成史を語るうえで欠くことのできない名著だ。

（週刊ポスト２０１９年１月１・４日号）

記者にエサをちらつかせる財務官僚の引き入れ手口

『日経新聞の真実 なぜ御用メディアと言われるのか』

田村秀男 著　光文社新書

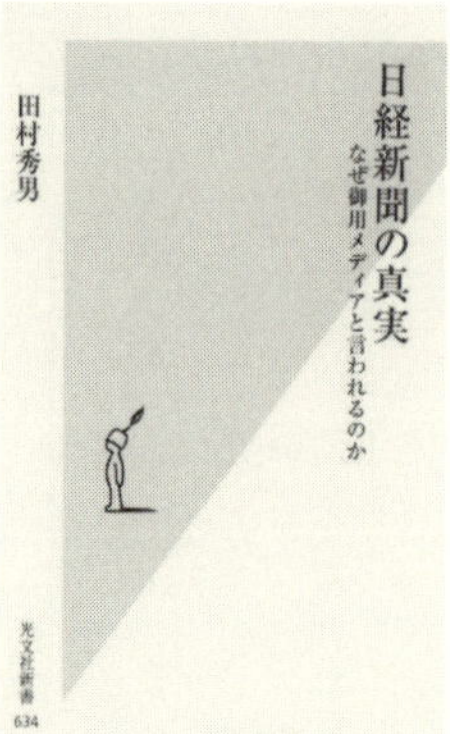

著者の田村秀男氏にずっと会いたいと思っていた。何回かメディアの人にも対談の機会を与えて欲しいとお願いもした。多くの経済記者のなかで、権力におもねることなく、データと理論に基づいた正論をずっと書き続ける希有な存在だからだ。

しかも、そのキャリアは、御用メディアの頂点に君臨する日本経済新聞で長く記者を務めた後に産経新聞に転ずるというあり得ないものだ。興味を持たないほうがおかしい。

ただ、私の疑問には、本書がすべて答えてくれた。85年、ニューヨークで行なわれたG5で、ドル高是正を決めたプラザ合意を日経新聞の特派員だった著者は取材した。ワシントンとの太いパイプを持つ著者は、それ以降、米国の考えている政策を次々にスクープしていく。

しかし、プラザ合意の本質は、円高で日本の競争力を奪おうとする対日工作だった。現にその後、円高不況、それを脱するためのバブル、そしてバブル崩壊後の不良債権問題と、順調に成長してきた日本経済が腰折れする原点となった。そのため、無批判に米国の政策を記事にしたことを著者は深く反省する。それが現在の著者のスタンスにつながっているのだ。

米国の圧力に弱い財務省や日銀の官僚たちは、圧力の存在を明らかにしない。それどころか、スクープが欲しい大手メディアの記者にエサをちらつかせることで、仲間に引き入れていく。逆に言うことを聞かない記者や新聞社には圧力をかけていく。これまでも指摘されたことだが、現場を経験した記者の暴露は、リアリティが違う。本書の一番素晴らしい点は、いまだに消費税増税に反対していることだ。とても重要な指摘なのだが、いまそれを言える勇気のある記者は、ほとんど残っていない。

だから、著者が派閥抗争に巻き込まれる形で、日本経済新聞社を辞めることになったのは、喜ばしいことだ。日経新聞の呪縛から解放された著者が、堂々と米国や財務省や日銀を批判する記事を書くことで、我々が真実を知ることが可能になったからだ。

（週刊ポスト２０１３年6月14日号）

台湾の巨大半導体企業がもたらす日本の環境破壊

『光と影のＴＳＭＣ誘致』

深田萌絵・編著　かや書房

政府が日本の半導体産業復活に躍起になっている。今年度の補正予算でも、特定半導体基金に６３２２億円、従来型半導体の安定供給確保支援基金に２９４８億円など、半導体支援策全体として、特別会計および既存基金の活用と合わせて2兆円規模の予算が投じられることになった。そのなかで大きな柱となっているのが、台湾のＴＳＭＣの工場を熊本に誘致する事業だ。

世界をリードするＴＳＭＣの工場を日本に作れば、日本の製造業復活につながるだけでなく、経済安全保障にもつながると多くの人が思い込んでいる。そこに痛烈な警告を発するのが本書だ。

かつて世界シェア5割を超えた日本の半導体産業が1割未満に没落した原因は、日本の人件費が高かったからではない。台湾が環境対策を怠ることで高い価格競争力を持ったことだと本書は指摘する。

半導体産業は洗浄のために莫大な水を使用する。そのため水資源が枯渇《こかつ》する。また排出される汚染水には、重金属を含むさまざまな有害物質が含まれる。ところが政府に熊本の地下水の調査を行なう予定はなく、ＴＳＭＣに対して厳しい環境規制を課す予定もない。

確かに熊本での雇用創出効果はあるが、生まれる雇用は、低賃金の現場労働者が中心で、半導体産業の発展を支える技術者は、台湾人が中心となるから、日本の半導体産業の育成にもつながらない。さらに熊本工場で作られる半導体は、回路幅が12ナノ以上で、現在の微細化技術の最先端である3ナノからは、桁違いに後れた技術だ。

結局、ＴＳＭＣ熊本工場が日本にもたらすものは、日本から水や電力を奪い、環境を破壊することであり、日本には高度人材の雇用も新たな半導体製造の技術も生まれないというのが、著者の見立てだ。

これまで経済産業省は、ジャパンディスプレイやエルピーダメモリに莫大な血税をつぎ込み、そしてドブに捨ててきた。しかし、今回のＴＳＭＣ誘致はそれ以上の失敗をもたらす。そう確信させてくれる重要な告発本だ。

（週刊ポスト２０２４年１月26日号）

円高だけではない 製造業敗北の4つの原因

『日本の電機産業はなぜ凋落したのか 体験的考察から見えた五つの大罪』 桂幹 著

集英社新書

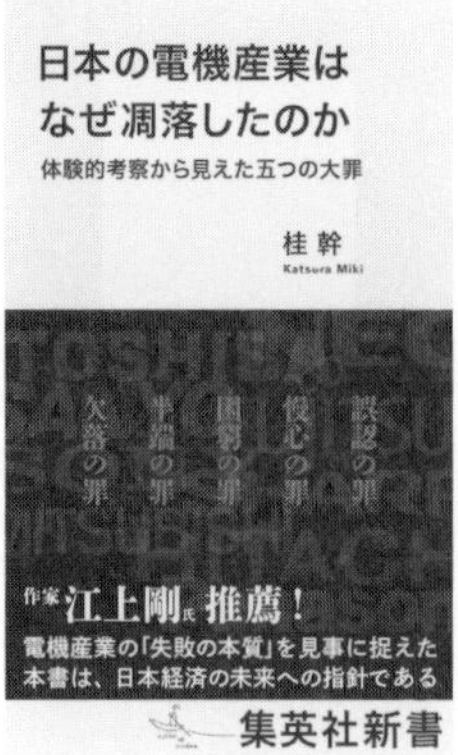

かつて日本の輸出は、自動車と電機の両巨頭に支えられていた。自動車はいまでも頑張っているが、昨年の電気機械は輸出入がほぼ拮抗して、もはや外貨を稼げる産業ではなくなっている。なぜ日本の電機産業は凋落したのか。１９８５年のプラザ合意後に起きた急激な円高が原因であることは、これまでも指摘されてきた。しかし、円高の影響を受けたのは自動車産業も同じだから、原因の全てではないことは明らかだ。

著者は本書で、日米のＴＤＫで働いてきた経験を踏まえて、凋落の謎解きをしている。著者が指摘する凋落の原因は、プラザ合意の円高に加えて、【1】品質による差別化が困難になるデジタル化、【2】他国は日本に追い付けないと思い込んだ慢心、【3】経営層やエリートを守って、現場をリストラする中途半端な日本型雇用改革、【4】明確なビジョンを示せなかった日本の組織という4つを挙げている。

いずれの指摘も、現場経験だけが持つ迫力に満ちていて、とても説得力がある。例えば、カセットテープの音質だ。私も70年代のオーディオブームに踊った口なのでよく分かるのだが、ノーマルよりハイポジ、それよりメタルと、高級になるほど明らかに音質がよかった。だから、大事な録音には、なけなしの小遣いをはたいてメタルテープを買った。

ところが記録メディアがＣＤ‐Ｒに代わると、0と1で記録する世界だから、品質差がなくなってしまう。だから、デジタル化の過程で台湾や韓国があっという間に日本に追い付き、追い抜いて行った。

雇用面でも、苦し紛れに現場をリストラするアメリカ型に変える一方で、経営層やエリート層は、既得権にしがみついて、日本型を死守した。

本書は、著者が初めて執筆した書籍だというが、文章に無駄がなく、表現力も高いので、どんどん読み進めることができる。電機の産業史だけでなく、デジタル化が進む他の製造業の経営に対しても、重要な示唆を与える経営学の名著だと思う。

（週刊ポスト2023年4月28日号）

日本で着実に進む弱肉強食化政策の果て

『コロナショック・ドクトリン』

松尾匡 著

論創社

本書は、コロナ禍のドサクサに紛れて進行する弱肉強食化政策に警告を発するために緊急出版されたものだ。緊急出版だから、本書は十分推敲された著作にはなっていない。同じような分析が再び登場したり、世間で円安が問題になっているなかで、円高政策による生産拠点の海外移転を批判したりしている。

しかし、そうした細かな点を踏まえても、本書は２０２２年に出版された書籍のなかで、ベストの作品だと思う。

ショック・ドクトリンというのは、２０１１年ジャーナリストのナオミ・クラインが著した書籍のタイトルだ。それは、惨事便乗型資本主義を意味し、戦争や自然災害など、経済や社会を揺るがす大惨事に乗じて行なわれる過激な市場原理主義改革を意味する。著者は、それがコロナ禍で起きていると主張している。

中小企業をつぶして、労働市場を流動化することで多くの労働者を低賃金労働に追い込む一方で、大企業のための政治・経済体制を確立する。緊縮財政で福祉を削る一方で、官僚の裁量でお友達企業を優遇し、さらに原発や軍需企業の利権を徹底的に守ろうとする。

本書は、安倍、菅政権時代の政策を中心に分析を進めているが、実は岸田政権になって、ウクライナ戦争を背景にして、ショック・ドクトリンはさらに強化されている。

例えば、安倍政権でも言い出さなかった敵地攻撃能力の保有や防衛費の倍増、原発の稼働期間延長と新増設、60歳代前半層への国民年金保険料支払い義務化、リスキリングの強化に伴うリストラ容認姿勢などだ。現時点でみれば、今行なわれているのは、コロナ・ウクライナショック・ドクトリンと言えるのかもしれない。

私が一番問題だと感じるのは、これだけ過激な弱肉強食化政策が採られているにもかかわらず、メディアが十分な反応をみせていないことだ。だから、日本の経済社会で本当に起きていることを知るために、本書は貴重な証言者になっているのだ。

（週刊ポスト2023年1月1・6日号）

天使と悪魔を同居させないと政治力は行使できない

『田中角栄に消えた闇ガネ 「角円人士」が明かした最後の迷宮』

森省歩 著

講談社

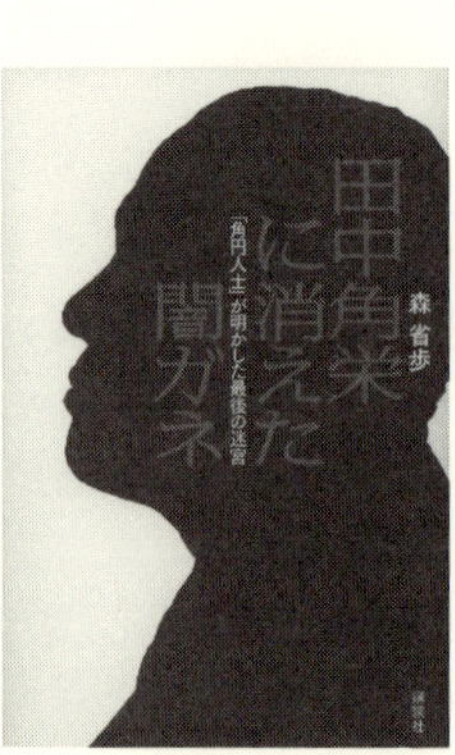

田中角栄は希有な政治家だから立花隆の『田中角栄研究』以降も、立花氏を含めて様々な作家やジャーナリストが田中角栄研究の本を出してきた。そしてそれは四十年経ったいまでも続いている。

田中角栄は、地方と大都市の経済格差を是正し、年金制度の礎《いしずえ》を築き、そしてアジア外交を進めるなど大きな業績を残す一方で、金権体質を強く批判されてきた。本書は、田中金権にかかわる新事実を白日の下にさらしている。

柏崎刈羽原発の土地買い占め事件、そして後の韓国大統領・金大中の拉致事件、この二つは、これまで何が起きたのかが、十分分かっていなかった。それがいまになって真実が出てきたということは、著者のねばり強い取材の成果ではあるものの、やはり相当の年月が経って、関係者が本当のことをしゃべれるようになってきたという事情が大きいのだろう。

本書で明らかにされた新事実は、「なるほどそういうことだったのか」と膝を打つ迫真性を持っている。ただ、田中角栄と闇金とのかかわりを知るなかで、私の心境は複雑だった。どうしてもイメージが重なってしまうのが、徳洲会《とくしゅうかい》の創設者である徳田虎雄氏だったからだ。徳田氏は貧しい離島に生まれて辛い思いをしたからこそ、全国に医療施設を作ろうと決意し、そのために政治力を手に入れる必要に迫られた。ただ、その手段として用いたのが、闇金だった。

もちろん、私は違法な政治資金を容認する考えは毛頭持っていないが、田中角栄も徳田虎雄も、カネの力を使わなければ、影響力を行使できなかったということは、間違いのない事実だろう。天使と悪魔を同居させないと、政治力を行使できないというのが、残念ながら、いまだにこの国の実態なのだ。
ただし、どうしたらその体質から抜け出せるのか、いまのところ私にはアイデアがない。政治資金を厳しく縛るだけでは、結局政治家が力を持てずに、すでに力を持っている米国や財界や官僚に勝てないからだ。その意味で、本書は素晴らしいが、悩ましい本なのだ。

（週刊ポスト２０１４年1月17日号）

人的資本の喪失で「中流以下社会」へ

『中流危機』
ＮＨＫスペシャル取材班 著
講談社現代新書

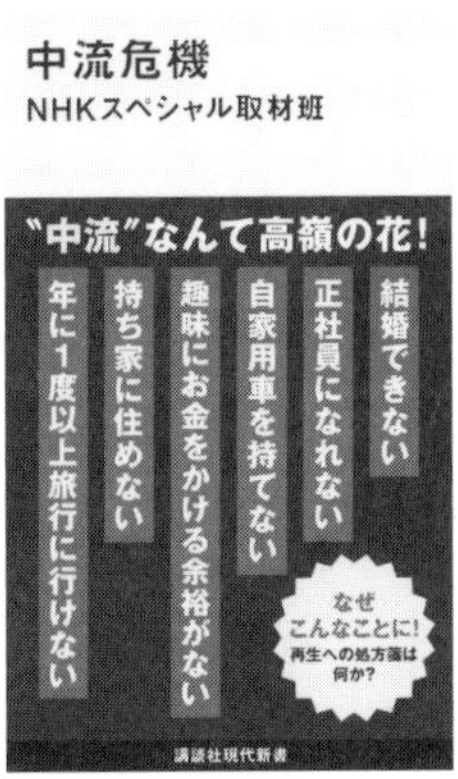

日本のＧＤＰがドイツに抜かれて世界４位に転落するのが確実となった。その最大の原因は、サラリーマンの没落だろう。本書によると、全世帯の所得分布の中央値は１９９４年の５０５万円から、２０１９年には３７４万円に減少している。中流が没落しただけでなく、税金や社会保険料の負担増で、家計の可処分所得は、この30年で20％も減少しているのだ。その結果、かつて「一億総中流」と言われた日本人の意識も、過半数が「中流以下」ということになっ

てしまった。

なぜこんなことが起きたのか。本書は現場への取材を中心に原因を探っていく。結論は、人的資本が失われたということだ。リストラによって企業から技術者が流出し、非正社員を大幅に増やしたことで、そもそも技術が蓄積しない労働者が増えてしまった。だから、今後の日本経済復活のためには「リスキリング」が大切だと本書は訴える。働く人が学び直して、デジタル技術などを身につけることが捲土重来《けんどちょうらい》のカギになるというのだ。

確かに人材投資の国際比較をみると、日本は極端に少ないことが分かる。しかし、日本企業が人材投資をしてこなかったわけではない。欧米と違い、企業内のオン・ザ・ジョブ・トレーニングを徹底してやってきたのだ。そもそも、技術の蓄積なしに、日本が、高度経済成長を通じて、世界一のモノづくり大国になれたはずがないのだ。

やはり、日本経済の転落は、企業が社員を大切にしなくなったことが真の原因ではないだろうか。その意味で、本書の最後がオランダの事例で結ばれているところは、素晴らしいと思う。

オランダは、日本以上に労働者保護の強い国だ。リストラや賃下げは、厳しく制限されている。それでも高い生産性を誇るのは、正社員と非正社員の差別が、時給にしろ、社会保険制度にしろ、一切ないからだ。だから企業の都合ではなく、働く人本位の経済社会制度に変えることで、真面目で器用な日本人は、再び世界一の技術水準を取り戻せる気がするのだ。

（週刊ポスト2023年12月1日号）

特攻隊員だった父と非人道兵器の犠牲者

『人間機雷「伏龍」特攻隊』

瀬口晴義 著

講談社

個人的な話で申し訳ないが、私の父は特攻隊員だった。海軍予備学生として召集され、5人乗りの蛟龍《こうりゅう》という潜水艦型の人間魚雷に乗り込んだ。敵艦に向かって魚雷を撃つが、最後かつ最大の魚雷は潜水艦自身だ。

出撃日も決まっていて、あと2週間終戦が遅れたら、私はこの世に存在しなかった。その父が口にしたのは、「蛟龍はまだ人道的だ。艦内からハッチを開けられる。回天は、外からハッチを閉めたら最後、中からは開けられないんだ」というセリフだった。しかし、回天よりもっと非人道的な人間魚雷が存在した。それが伏龍だ。

戦争末期で物資が不足するなか、既存のゴム服と潜水兜《かぶと》を被り、海岸線に潜る。携行する棒の先には機雷がついていて、ひたすら上陸してくる敵の舟艇を待つ。そして、上陸阻止のために特攻するというコンセプトだった。

しかし、短期間で開発し、資材も十分ではなかったこと、そして何より軍上層部のあまりに場当たり的かつ杜撰《ずさん》な計画のせいで、呼気に含まれる二酸化炭素の浄化が上手くいかず、戦果はまったく得られなかった。それどころか、潜水訓練中に事故が頻発して、多くの特攻隊員が命を落としたのだ。

本書が語りかけてくるのは、戦争で追い詰められた権力は、ここまで非人道的になれるのだということと、その犠牲になるのは権力を持たない人たちだということだ。実際、特攻隊員の大部分は伏龍を含めて職業軍人ではなく、素人の若者だった。
米中対立の激化やロシアと北朝鮮の暴走など、いま日本を取り巻く安全保障環境が厳しくなっているのは事実だ。そうしたなかで、威勢のよい主戦論を唱える若者が増えてきている。だから、私はこの本を中高年はもちろんだが、もっと若者たちに読んで欲しい。そうすれば、戦争を回避し、一日でも早い終結を望む人たちを、平和ボケと鼻で笑うことなどできなくなるはずだからだ。

（週刊ポスト2024年8月16・23日号）

幕末アレルギーを吹き飛ばすヒーローたちのインチキ合戦

『お金の流れで見る明治維新』

大村大次郎 著

PHP文庫

歴史ファンのなかでは、幕末ファンが、圧倒的多数を占めている。特に坂本龍馬や勝海舟など幕末ヒーローを熱く語る人は、日本中どこにでもいる。だからドラマでも幕末物は、確実にヒットが見込まれる定番商品だ。

ただ、私はこれまで幕末物は、ほとんど読まなかったし、ドラマも見てこなかった。私が天邪鬼《あまのじゃく》だからかもしれないが、「理想の天下国家を論じ、その実現のために命をかけて戦う」というストーリーに、どうしても、わざとらしさを感じて仕方がなかったからだ。

ただ、本書を読んで、私の幕末アレルギーが一気に吹き飛んだ。偉そうなことを言っていても、幕末ヒーローたちは、お金の面では、清廉潔白《せいれんけっぱく》とは程遠い存在だということが分かったからだ。

例えば、明治維新が、なぜ薩摩藩と長州藩中心に行なわれたのか。薩摩と長州にヒーローがいたからではない。薩長は、財政的に豊かだったからというのが著者の見立てだ。江戸時代は、幕府の直轄領が多く、各藩はもともと大きな石高を持っていなかった。しかも、商工業が発達するなかで、商工業者に十分な課税ができていなかったため、財政状況は年々厳しくなっていった。それに加えて、参勤交代や幕府に命じられた天下普請のため、幕末の各藩財政は、火の車だった。

そのなかで、薩長だけは財政余力があり、幕府と戦う軍備ができたという。なぜ薩長に財政余力があったのか。薩摩藩は、商人からの借金を踏み倒したうえに、黒糖専売を通じて実質的に属国だった奄美や琉球の黒糖を買い叩いて大儲けをし、密貿易にも手を出していたという。また、薩長はニセ金作りにも精を出していた。

一方の幕府も、小判の金含有量を下げる改鋳《かいちゅう》を繰り返して、莫大な「通貨発行益」を手にしていた。つまり、明治維新の戦いは、お金の面からみると、インチキ対インチキの戦いだったのだ。何という人間臭く、納得感のあるストーリーだろう。私は、この本を読んだことで、完全な幕末ファンになってしまった。

（週刊ポスト2022年7月8・15日号）

将軍の年収1294億円！
超格差の江戸社会
『江戸の長者番付』

菅野俊輔 著　青春新書

高額納税者番付の公表が取り止められて以降、現代の日本では、正確な長者番付を知ることはできない。その番付を江戸時代について調べたのが、本書だ。もちろん、江戸にも長者番付の統計は存在しないが、本書は、さまざまな資料を駆使して、殿様から大名、旗本、職人、農民に至るまで、あらゆる職業の具体的な年収を明らかにしている。もう、それだけで、本書には大きな価値があると思う。

ネタバレになってしまうので、具体的な金額を記すのは極力避けるが、本書に書かれている年収は、驚くべきものばかりだ。例えば、将軍吉宗の年収は１２９４億円にのぼる。超格差社会の現代でも、それだけの年収を誇る日本人はいない。ちなみに現代の総理大臣の年収は４０００万円だから、３ケタ以上の違いがある。その他、豪商や高僧も超高額所得者だ。

私は、江戸時代は平等社会だとずっと思ってきた。明治維新で欧米流の資本主義が入ってきて、そこから格差社会が始まったと考えていたのだ。しかし、権力者が、とてつもない所得を得ているというのが、江戸の実態だったのだ。

ただ、そうした超高額所得者はごく一部に限定されている。旗本や御家人は、使用人の給料を払わないといけないので、実質的に大した暮らしはできない。一方で、職人の年収は、現代と同程度もある。一番驚いたのは、農民だ。現代よりはるかに多くの年収を稼いでいる。時代劇の「百姓一揆」のイメージを引きずってきた身としては、歴史観の崩壊だった。

本書を読んで強く感じたのは、確かに江戸時代は、一部に高額所得者が存在するものの、大部分の庶民は、質素だが、十分幸福な暮らしをしていたということだ。労働がストレートに評価されて収入に結びついており、いまのようにカネを右から左に動かすだけで、巨万の富を得る富裕層がいない分、健全な社会だったのだろう。

ただ、それは私の感想で、江戸の社会をどう捉えるのかは、実際に本書を読んで、そこに示されたデータから、読者自身が判断して欲しい。

（週刊ポスト2017年5月5・12日号）

真理探究の学問編

世界的数学者も教科書レベルが分からない

『いいたかないけど数学者なのだ』

飯高茂 著　生活人新書

私は仕事柄、いろいろな人と話をする。政治家や経営者、エリート金融マン、スポーツ選手、サーファー、漫才師、歌手、舞台女優など、実に様々だ。そうした人たちのなかで、私が一番理解できない、遠い存在だと感じていたのが数学者だ。数学者というのは頭の構造自体が一般人とまったく違う人だと思っていたのだ。

大学に入って最初の数学の試験の時、第一問が「四次元の球の体積を計算せよ」だった。私は、頭のなかで三次元の球が動きまわって、一向に計算に着手できなかった。ところが、私の周りの何人かは、平然と計算をはじめて、さっさと答えを出していた。

「まったく種類が違う生き物だ」。そんな思いで、私は彼らを見つめていたのだが、そのなかからさらに優秀な人が数学科に進学していく。数学者は変人だから仕方がないと自らを納得させていた。

しかし、この本でその認識はガラガラと崩れ落ちた。著者は世界的数学者でありながら、この本に書かれている著者やその周囲の数学者の姿は、実に普通の人なのだ。著者や友人の数学者が、学生時代の数学の勉強を振り返る場面で、「分からない」、「理解できない」、そうした言葉を連発する。それも、超難問についてではなく、教科書に出てくる普通の問題でも、そうした言葉を正直に語っているのだ。

それでは、数学者になれるか、なれないかの差は何かというと、集中力とねばり強さなのだ。けっして頭のよさではない。ましてや変人であることでもない。そのことをこの本は教えてくれるのだ。

例えば、超関数の創始者である佐藤幹夫先生は、歩きながらも数学に没頭してしまうため、日よけの軒先に頭をぶつけて、よく怪我をするというエピソードが語られている。そうした集中力が絶対的真理を追究するためには必要なのだ。

もちろん、いくら集中しても、分からないものは分からない。しかし、そこであきらめてしまっては終わりだ。分からなくても分からなくても考え続けるからこそ、真理のフロンティアを切り開くことができるのだ。

数学者は変人ではない。一つのことに没頭することに長けているから、他のことが目に入らないだけなのだ。そのことが分かって、私は数学者が少しうらやましくなった。

私は大学以降、随分たくさんの数学を「分からない」とあきらめてきた。しかし、もっと頑張っていたら、人類の永遠の財産となる新しい数学の法則を発見できたかもしれない。自慢ではないが、私も原稿を書いている時には、人の声が耳に入らないくらいの集中力はあるのだ。

（週刊ポスト2007年2月9日号）

学問とは創造性を楽しむもの

『算数・数学はアートだ！ ワクワクする学問を子供たちに』

ポール・ロックハート 著　吉田新一郎 訳

新評論

以前、小学生と数学の問題で対決をするテレビ番組に出演した。その時、私は絶好調だった。出された問題を10秒足らずで解いて、得意満面だったのだが、私は小学生に敗れた。小学生は1秒足らずで、問題を解いていた。

スタジオの外で小学生を出待ちした私は、どんな不正手段を使ったのか問い質した。小学生は、あっさりと、受験によく出る問題は、答えを暗記しているのだと答えた。そこまでひどくなくても、世の中に数学嫌いの人が溢れているのは、暗記中心で型にはまった数学教育が原因なのだろうと私は思ってきた。その思いを、実に明快に、説得力ある形で示してくれたのが、本書だ。

「数学はアート」というのは、数学は堅苦しく煩雑な手順を定める学問ではなく、自由な発想と思考で、シンプルかつ美しい世界を創造していくものだという意味だ。私には、そのことが手に取るように分かる。本書にはそのことを納得させる、具体的で豊富な事例が整理されているが、それを書くと読者の興味を削いでしまうので、私が小学生時代からやっていた数字遊びを紹介する。

私は、電車の切符に書かれた四ケタの数字を加減乗除とかっこだけを使って10にするという遊びをいつもしていた。例えば数字が、3245なら、3−2＋4＋5＝10といった具合だ。この遊びで、7313を10にできた時の興奮は、いまでも忘れない。

理屈ではなく、アートとして教えるというのは、数学だけでなく、音楽でも同じだと著者は言うが、私は事実と年号だけを覚えさせる歴史教育や性行為を教えない性教育などでも、同じだと思う。

だから、本書を教育に携わるすべての人に読んでほしいと思うが、それ以外の普通の人にも本書は有益だろう。およそ学問というのは、近寄りがたい高尚なものではなく、創造性を楽しむものだということが、きっと分かるからだ。ちなみに、蛇足かもしれないが、さきほどの問題の答えは、（7÷3＋1）×3だ。もちろん、本書にはもっと質のよい事例が満載だ。

（週刊ポスト2006年4月14日号）

未発見の惑星も予測できる物理学の驚異

『世界を数式で想像できれば アインシュタインが憧れた人々』

ロビン・アリアンロッド 著　松浦俊輔 訳

青土社

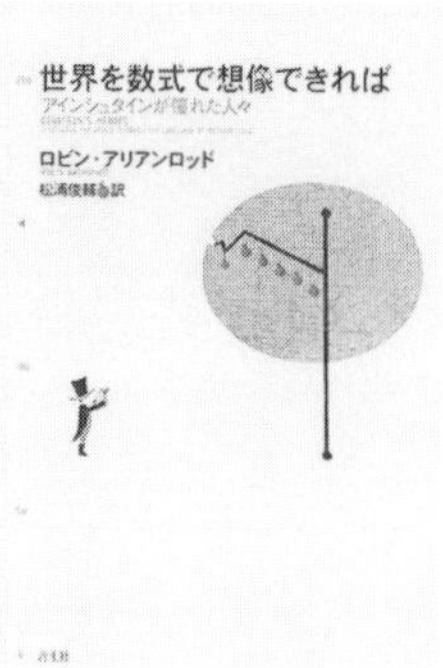

子供の頃、自分の周りに起こることが何もかも不思議で「なぜ歩くと月がついてくるの」とか「なぜ飛行機は空を飛べるの」といった質問を大人たちに繰り返した記憶が多くの人にあるに違いない。

ところが、大人になると、みなそうした好奇心を失ってしまう。理解しようとする努力をあきらめてしまうのかもしれない。ところが、なかにはそんな少年の心を忘れぬまま大人になってしまった人たちがいる。それが物理学者だ。

本書は物理学の本だ。ただし、次々に数式が登場する物理学の教科書ではなく、物理学を作ってきた物理学者たちがどのように考え、どうやって物理法則を導いてきたのかという物語を通じて、物理学の本質を読者に伝えようとする新しい試みだ。

物理学のイメージは、鉄の玉を落として、落下速度を計り、その速度をどのような法則が支配しているのかを探求する学問といったものだろう。しかし、自然から物理法則を発見することは、物理学の最初のステップに過ぎない。

物理学のすごいところは、物理法則を用いて、まだ発見されていないことを予測できることだ。例えば、天王星の軌道がニュートンの万有引力の法則から推定される軌道から外れていることをもとに、太陽系に天王星の軌道を歪めている別の惑星が存在する可能性を物理学は指摘した。もちろん海王星の発見の前だ。

この本で主役を演じるマクスウェルも、土星のリングの正体が、世間が考えているような固体ではなく、小さな粒子の集まりであることをニュートンの法則から推定する発表を行なっている。それが正しいと確かめられたのは、実に125年後のことだった。しかし、マクスウェルの最大の功績は、数式の展開から、まだ誰も知らなかった電波の存在を予見したことだった。

最近は、何ごとによらず、具体的で分かりやすいことばかりが重視される。しかし、この本を読んで痛感するのは、抽象的に考えることの重要さだ。現実と離れて、抽象化することで、物事の本質が浮かび上がる。そして、抽象世界のなかで、自由な思考をめぐらせることによって、常識に縛られない新しいアイデアが生まれるのだ。

その意味で、物理学は哲学に非常に近い性格を持っている。だから、文科系だからといって、物理学を毛嫌いする必要などまったくないのだ。幸い、本書は数学の使用が避けられない場面には、数学が不得手の人にも分かるような解説が加えられている。だから、物理学を食わず嫌いになっている多くの人が、本書を読むことで、物理学の面白さに目覚めるのではないかと思う。

（週刊ポスト2006年7月7日号）

森永卓郎（もりなが・たくろう）

1957年7月12日生まれ。東京都出身。経済アナリスト。日本専売公社、経済企画庁、UFJ総合研究所などを経て、獨協大学経済学部教授に就任。近著に『身辺整理』（興陽館）『ザイム真理教』『投資依存症』（ともに三五館シンシャ）など。テレビやラジオのコメンテーターとしても活躍した。

読んではいけない

二〇二五年四月二十日　初版第一刷発行

著　者　森永卓郎

発行者　三井直也

発行所　株式会社小学館
〒一〇一－八〇〇一　東京都千代田区一ツ橋二－三－一
編集　〇三－三二三〇－五七二〇　販売　〇三－五二八一－三五五五

DTP　株式会社昭和ブライト

印刷所　萩原印刷株式会社

製本所　株式会社若林製本工場

　ISBN 978-4-09-389803-4